CRAFT BIER BROUWEN

DE NEW WAVE VAN BELGISCHE BROUWERS

CRAFT BIER BROUWEN

JEROEN BERT

DE NEW WAVE VAN BELGISCHE BROUWERS

PROLOOG

Het was net niet aan het vriezen en het grasperk was bedekt met een sneeuwtapijt. Weinig prettige omstandigheden om een hele dag buiten te zitten. Maar mijn twee brouwmakkers en ik konden ons warmen aan een stomende ketel boven een propaanbrander. En de kou was perfect om te brouwen. Er zouden maar weinig micro-organismen — altijd gretig om het wort te besmetten en het bier te verzuren — door de lucht zweven. Een goede dag dus voor onze derde poging om een imperial stout te brouwen.

Niet dat er iets *imperial* aan onze dag was, tenzij je de mislukte Russische campagne van Napoleon uit 1812 in gedachten hebt. Neen, we waren alle drie gewoon grote liefhebbers van stout en we hadden ons laten vertellen dat zwaardere bieren makkelijker te brouwen zijn voor beginnende hobbybrouwers. Vandaar een imperial stout. We hadden toen nog geen flauw idee hoe we het alcoholgehalte moesten meten, maar begrepen wel snel dat er niet al te veel alcohol in ons eerste brouwsel zat. Het was licht, slap en nogal smakeloos.

We lieten de moed niet zakken. Moet niet elke brouwer verschillende pogingen doen om zijn recept op punt te stellen? Alleen, ons recept was niet nieuw. We hadden het op een forum voor hobbybrouwers gevonden — getest en geproefd. En aangezien onze tweede poging sterker was en eigenlijk heel ander bier dan onze eerste batch, was er maar één conclusie mogelijk: ons probleem had niets te maken met het verfijnen van een recept. We waren daar in de tuin maar wat aan het doen, aan het morrelen aan de basisprincipes van het brouwen. En ondertussen hielpen we ook mijn terras om zeep.

De brouwdag was goed gestart, tot we een geur van brandend hout opmerkten: de propaanbrander was de terrasplanken aan het verschroeien. Anders dan bij vorige brouwdagen hadden we de brander rechtstreeks op de terrasvloer geplaatst. Duidelijk geen goed idee. Maar onze vrouwen en kinderen, die beleefden wel een fantastische dag.

Om erger te voorkomen moesten we de brander uitzetten en wachten tot hij was afgekoeld. Het was genoeg om het brouwproces halverwege stop te zetten en ons brouwsel te doen mislukken. Al had ik toen geen flauw idee waarom het precies misging — hetzelfde gebrek aan kennis om goed te brouwen, verhindert je ook om de vinger op de wonde te leggen. Toen we ons derde brouwsel voor het eerst proefden, wisten we meteen dat dit niet de imperial stout was die we voor ogen hadden gehad.

Het resultaat was technisch gezien bier en wellicht heel erg representatief voor hoe bier er vroeger moet uitgezien en gesmaakt hebben. Ik ben er vrij zeker van dat Napoleons soldaten het brouwsel wel hadden kunnen smaken, ergens in een met sneeuw bedekte tent in de buurt van Moskou. Maar ik merkte snel dat ik mijn vrienden met een historisch accuraat bier duidelijk niet vrolijk maakte.

Ik keek naar de brandsporen op mijn houten terrasvloer en mijn koude, gevoelloze vingers herinnerden me eraan dat het tijd was om naar binnen te gaan, me beter brouwmateriaal aan te schaffen en, vooral, meer over het brouwambacht te weten te komen. Ik had nood aan raad van mensen die vandaag niet alleen brouwer zijn, maar ooit zelf zijn begonnen als hobbybrouwer en zich toen in dezelfde situatie bevonden als ik nu: aan het begin van een boeiende ontdekkingstocht.

INHOUD

EEN ONTDEKKINGS- TOCHT IN RUBBEREN LAARZEN

Door het rijke Belgische bierlandschap waait de laatste tien à twintig jaar een nieuwe wind, losjes geïnspireerd door de Amerikaanse *craft beer*-revolutie.

Ondanks de lange brouwtraditie in België en het feit dat de meeste Belgische bierdrinkers nogal conservatief zijn in hun biervoorkeur, is de Belgische bierwereld volop in beweging. Vooral het 'jonge geweld' is aan een opmars bezig, met opmerkelijke bieren die traditie en ambacht combineren met vernieuwing, lef, een gezonde dosis humor en speelsheid.

Het hobbybrouwen zat al een hele tijd in de lift, maar de laatste twee decennia hebben ook heel wat jonge bierfanaten de stap gezet van het brouwen in de keuken naar hun eigen professionele microbrouwerij. Dat doen ze bovendien op basis van een heel ander businessmodel dan de klassieke brouwerijen. Ze leggen een andere weg af, kiezen voor een andere aanpak, maar doen dat met toewijding, passie en op een zeer professionele, vakkundige manier.

Deze *craftbrouwers* dragen duurzaamheid, collegialiteit en participatie hoog in het vaandel. Niet louter grote woorden, maar concreet uitgevoerd. Ze steunen bijvoorbeeld elkaars bieren, in de veronderstelling dat de bierliefhebber niet kiest voor het ene of het andere bier, maar ze gewoon allemaal wil proeven. Ze worden gedreven door een drang om voortdurend nieuwe bieren te ontwikkelen, buiten hun eigen comfortzone en vaak in *collaboration brews* of *collabs* met andere brouwers.

De Belgische biercultuur heeft in het verleden de Amerikaanse sterk beïnvloed, vandaag zijn de rollen een beetje omgekeerd. De nieuwe lichting Belgische brouwers legt zijn oor te luisteren bij nieuwe muziek uit de Amerikaanse bierwereld, die in zowat de hele wereld weerklank vindt. En toch is de Belgische nieuwe lichting geen flauw afkooksel van de Amerikaanse. De Amerikaanse invloed wordt mooi geënt op de rijke Belgische traditie, met een rist aan nieuwe, fantastische bieren als resultaat — en dat telt aan het eind van de rit.

In zekere zin is het groeiende aantal craftbrouwerijen in België een terugkeer naar de traditie van de kleinere ambachtelijke brouwerijen die de Belgische steden en dorpen ooit rijk waren. Rond 1900 telde België meer dan 3200 brouwerijen. Vandaag komen we zelfs met de talrijke nieuwe micro-, stads- en huisbrouwerijen niet aan het aantal van weleer, maar het aanbod, de variatie en de kwaliteit is nooit beter geweest.

AMBACHTELIJK — ARTISANAAL — CRAFT
Voor het boek *Craft Bier Brouwen. Volgens de nieuwe lichting Belgische brouwers* heb ik mijn rubberen laarzen aangetrokken — een van de belangrijkste 'wapens' van een brouwer — en ging ik op ontdekkingstocht met deze craftbrouwers, om hun ambacht en hun craftbieren te leren kennen. Ik vervoegde hen op een brouwdag, tijdens een sessie blenden, of bij eender welk werk dat ze doen om hun bieren te produceren en tot bij hun publiek te brengen, bijvoorbeeld het organiseren van een bierfestival. Als hobbybrouwer probeerde ik met die ervaring in mijn rugzak mijn eigen brouwsels naar een hoger niveau te tillen en nieuwe, toegankelijke recepten te ontwikkelen, vrij naar de uiteenlopende craftbierstijlen. Onderweg ontdekte ik een relatief nieuwe brouwmethode — *brew in a bag* — die het voor hobbybrouwers makkelijk maakt te experimenteren met kleine, kwaliteitsvolle batches in de keuken.

Ik hoop te kunnen laten zien hoe lekker en avontuurlijk craftbieren kunnen zijn en hoe toegewijd en bekwaam hun jonge craftbrouwers.

Dit is echter geen boek over elk craftbier of elke craftbrouwerij in België. Omdat ik de verhalen van een nieuwe lichting brouwers in de diepte wilde vertellen, met aandacht voor hun dagelijkse praktijk en voor wat hen inspireert, heb ik over slechts acht brouwerijen een reportage gemaakt. Die reportages zijn niet de enige verhalen over Belgisch craftbier, maar wel een voorbeeld van wat de jonge wolven drijft en wat er leeft in de *craft beer scene*.

België kent heel wat traditionele ambachtelijke brouwerijen met schitterende bieren die wereldwijd gewaardeerd worden. Dat die brouwerijen ontbreken in dit boek is geen waardeoordeel en doet geen afbreuk aan hun ambachtelijk gemaakte bieren, maar heeft te maken met de dubbele betekenis van het Engelse woord *craft*. In het Nederlands betekent het 'ambachtelijk', in het Frans *artisanal*, maar in beide landsdelen wordt het woord 'craft' ook niet-vertaald gebruikt, en dan heeft het een andere inhoud. De jonge brouwers met wie ik op pad ging, willen met de termen 'craftbrouwer' en 'craftbier' hun verwantschap met de Amerikaanse craftbierrevolutie benoemen. Ze zeggen impliciet dan wel expliciet dat ze op ambachtelijke wijze grenzen willen doorbreken en het niet schuwen om te schoppen tegen heilige huisjes.

De selectie van brouwers is gemaakt op basis van duidelijke criteria. Zin voor avontuur en een drang om steeds nieuwe bieren te creëren is essentieel voor deze nieuwe lichting. Daarom wilde ik brouwers bezoeken die op regelmatige basis een heel gevarieerd aanbod aan nieuwe bieren uitbrengen. Ik wilde ook een selectie maken die geografisch gespreid is, om een gevarieerd beeld te geven van hoe het Belgische craftbierlandschap eruitziet.

BONT NETWERK

Heel vroeg in het schrijfproces viel een kenmerk van deze brouwers mij op: de gedrevenheid om met andere brouwers, onder wie heel wat niet-Belgische, samen te werken en het feit dat die zogenoemde collabs niet vanuit een commerciële strategie ontstonden. Het deed me denken aan lang vervlogen tijden, toen ik nog in een (zeer onbekend en kortstondig) bandje speelde. Ja, we hebben toen backstage veel bier gedronken in de kleedkamers. We deelden repetitieruimtes met andere bands. We gaven cassettes (jawel, cassettes!) met muziek van nieuw ontdekte en vaak obscure bands aan elkaar door. We deelden instrumenten en micro's, gingen naar elkaars optredens en waren de eersten om daar te beginnen stagediven om de rest van het weinig talrijke publiek aan te sporen. En we maakten samen muziek: backing vocals op een demo, extra ritme-instrumenten, gewoon lawaai op de achtergrond...

Als ik er nu op terugkijk, besef ik dat we toen een 'netwerk' hadden en dat het twee doelen diende: betere muziek maken en plezier beleven. Bij deze craftbrouwers, de nieuwe lichting, zie ik een vergelijkbaar netwerk. Ik volg het door dit boek heen, want het contact met de ene brouwer leidde me vaak op organische wijze naar een andere brouwer — een gelijkgestemde collega. Dat betekent niet dat dit een uniform netwerk is. Deze brouwers delen bepaalde eigenschappen, maar zijn ook heel uiteenlopend qua aanpak, geprefereerde bierstijlen en zelfs visie op brouwen.

'Craftbier' and 'craftbrouwen' zijn geen welomlijnde categorieën en de begrippen roepen nogal wat discussie op. Na elke reportage vroeg ik de craftbrouwers een definitie te geven van 'craftbier' en 'craftbrouwen'. De antwoorden tonen heel goed hoe ze tegelijkertijd een visie op brouwen delen, maar ook erg verschillend en eigenzinnig zijn.

Ik ben hen heel dankbaar dat ze mij tijdens een brouwdag op hun vingers lieten kijken en hun kennis, passie en inzichten over bier met mij wilden delen. Ik dacht dat ik wel iets afwist van bier, maar deze ontdekkingstocht was een echte eyeopener. Ik hoop dat dit boek dat ook voor u kan zijn.

Brew in a bag (BIAB)

T oen ik voor het eerst een brouwerij bezocht, vele jaren geleden, vergeleek de brouwer het brouwproces, en dan in het bijzonder het maischen, met het zetten van een kopje thee. De 'brew in a bag-methode' of 'brouwen-in-een-zak' is precies dat: je maakt eigenlijk een graanthee. En het enige wat je nodig hebt, is een ketel, een *brewbag* (brouwzak) en een vat, emmer of fles waarin je de 'thee' kunt laten vergisten. Er zijn natuurlijk nog heel wat andere attributen die het brouwen eenvoudiger maken, maar in wezen heb je alleen die drie zaken nodig.

Omdat dit een eenvoudige en goedkope brouwmethode is, met minder poetswerk en geschikt voor kleinere hoeveelheden of batches, kun je makkelijk in je keuken brouwen zonder die te moeten reorganiseren. Daardoor ga je misschien vaker brouwen en word je een betere, meer ervaren hobbybrouwer die een grote variëteit aan bierstijlen brouwt. Zo ging het toch bij mij, met de recepten in dit boek als resultaat.

Een andere reden waarom ik me op deze methode toelegde, is omdat ze niet alleen toegankelijk is, maar ook uitgaat van het brouwen met mout. In tegenstelling tot die andere eenvoudige instapmethode, het extractbrouwen (waarbij je moutextract gebruikt en het maischen dus overslaat), doorliep ik met het brouwen in een brewbag het hele proces van begin tot einde. Ik had dan ook het gevoel dat het bier dat ik brouwde meer 'mijn' bier was.

Er is ook een keerzijde. In tegenstelling tot professionele brouwers, die brouwen in een bijna-gesloten systeem, zul je niet elk facet van het brouwen helemaal kunnen controleren. Je bier zal onderweg in contact komen met zuurstof, wat tot oxidatie kan leiden. Dit kun je niet vermijden, maar wel tot een minimum proberen te beperken. Met heel veel mout in heet water in een kleine ruimte — je ketel — is de maischtemperatuur niet makkelijk exact te meten en gehoorzaamt ze bovendien niet altijd meteen. Maar als je vertrekt van de juiste starttemperatuur, kun je dat probleem alvast voorkomen.

De kans is ook groot dat je aan het einde van een brouwdag minder volume aan wort hebt dan in het recept staat of dat het wort wat meer densiteit heeft dan je had beoogd (omdat meer water verdampte of werd opgezogen door de granen dan de theorie voorziet). Wel, er zijn manieren om dit onderweg op te lossen (sommige zo eenvoudig als het toevoegen van wat extra water). Maar eigenlijk kun je hier best niet te lang wakker van liggen. Om van zelfgebrouwen bier in je glas te kunnen genieten moet je het in de eerste plaats brouwen. En zelfs als er eens iets misgaat en je geen perfect bier hebt gemaakt, dan is het daarom nog geen bier dat niet te zuipen is. Volg je de basisregels, dan ga je zelden volledig uit de bocht.

Dat kan echter wel heel anders zijn als je begint te experimenteren met wilde gisten en *kettle souring* (het verzuren van het wort voor je het kookt). Je zult dan, tja, experimenteren. Met uiteenlopend resultaat. Maar is dat niet net het leuke van hobbybrouwen? En als je na een mislukt experiment niet opgeeft en het bij het volgende brouwsel beter probeert te doen, dan doe je eigenlijk wat craftbrouwers doen: je stelt je brouwkennis en -vaardigheden op punt, je verlegt je grenzen en je probeert een populaire bierstijl naar je hand te zetten.

Voor wat het waard is: de recepten in dit boek zijn geproefd en goedgekeurd (niet unaniem, smaken verschillen immers), maar dat betekent niet dat een andere hobbybrouwer, of ikzelf, ze niet kan verbeteren. Een andere hop of gist, een extra moutsoort, wat meer densiteit voor een sterker of volmondiger bier, of een licht aangepast maischschema om het net wat meer doordrinkbaar te maken... Deze recepten kunnen een vertrekpunt zijn om nieuwe recepten te ontwikkelen. Dat zijn ze in elk geval voor mij.

WAT HEB JE NODIG?

NOODZAKELIJK

— Een roestvrijstalen ketel van 20 liter (of 30, groter
  is minder handig) om te maischen en te koken.
— Een brewbag, met een grootte die bij je ketel past
— Twee plastic gistingsemmers met een waterslot
  en kraantje
— Pvc-slangetje
— Weegschaal, thermometer, hydrometer,
  pH-strips (of een pH-meter, iets duurder maar
  wel preciezer)
— Caustische soda, zuur, anionisch spoelmiddel,
  flessenborstel
— Kroonkurken, manueel kroonkurkapparaat,
  flessen (je kunt probleemloos lege flesjes opnieuw
  gebruiken)
— Handige hulpmiddelen die je wellicht al hebt:
  maatbeker, plastic lepel, schuimspaan, vergiet...

EXTRA

— Moutmolen. Je kunt geschrote mout eenvoudig
  online bestellen, maar als je houdt van het fysieke
  aspect van brouwen, dan is zelf je mout schroten
  een prima work-out.

Bijkomend materiaal voor gevorderden

— Gistfles (bijvoorbeeld om gevangen wilde gist op
  te kweken)
— Gistingsfles van 5 liter met een waterslot (om
  bijvoorbeeld te experimenteren met een deel
  van het wort)

BASIS EN RECEPTSTRUCTUUR VOOR BIAB

Elk recept is op dezelfde manier opgebouwd en mikt op **11 liter** in de gistingsemmer en ongeveer **10 liter** om te bottelen.

INGREDIËNTEN

— Elk recept bevat een lijstje met de hoeveelheid en soort mout, hop en gist die je nodig hebt, soms aangevuld met extra's. Je zult merken dat bepaalde ingrediënten, vooral hop, in verschillende recepten terugkeren. Dat is niet uit gebrek aan inspiratie, wel om aan te tonen dat wat je bewaarde in de diepvries na een vorig brouwsel (je hebt zelden een volledig pakje hop nodig) gemakkelijk in het recept voor een heel andere bierstijl verwerkt kan worden. Van alle ingrediënten is hop het duurst, we willen dus niets verloren laten gaan.

MAISCHEN

— Voor de meeste recepten starten we met **16 liter water** in een ketel van 20 liter, en de brewbag, die je vastmaakt aan de handvatten van de ketel.

— Verwarm het water tot de **starttemperatuur** die het recept vermeldt.

— De meeste brew in a bag-recepten voorzien slechts één temperatuurrust, wat inhoudt dat een bepaalde temperatuur een uur lang wordt aangehouden om de vergistbare suikers uit de mout te halen. In sommige recepten is er een tweede rust voorzien, op een iets hogere temperatuur, om niet-vergistbare suikers vrij te maken, die dan meer body aan het bier geven.

— Het maischschema volgt dan deze stappen.

90' —— Doe de geschrote mout bij het water wanneer het de starttemperatuur heeft bereikt. Het water zal nu naar de gewenste maischtemperatuur zakken (je zult soms wel een beetje moeten bijsturen). Doorroer de mout om **klonters te vermijden**. Dat zal ongeveer 5 minuten duren. Zodra je de gewenste temperatuur bereikt hebt, moet die gedurende de voorziene tijd worden aangehouden, bijvoorbeeld 60 minuten. Dit is de zogenoemde **temperatuurrust**. Als je een ketel hebt met een goed deksel, kun je het vuur uitdoen. Het beslag zal zichzelf voldoende lang isoleren om die temperatuur ongeveer een uur aan te houden. Als je helemaal zeker wilt zijn, kun je de ketel nog beter isoleren met een deken. Zorg dan wel dat het vuur zeker uit is!

85' —— **Pas de pH aan** naar 5,4 om de omzetting van zetmeel naar vergistbare suikers als maltose te optimaliseren. Je zult de pH meestal moeten doen dalen. Dat kun je doen met calciumsulfaat, melkzuur of fosforzuur. Lees de instructies op de verpakking voor de juiste hoeveelheid.

30' —— Voor de tweede temperatuurrust warm je het beslag op tot 72 °C (één graad per minuut is ideaal) en houd je die temperatuur aan gedurende bijvoorbeeld 20 minuten. Op deze temperatuur wordt het zetmeel uit de mout omgezet naar niet-vergistbare suikers als dextrines. Let op dat de brewbag de bodem van de ketel niet raakt wanneer je het beslag opwarmt.

10' —— Warm op naar 78 °C. Dit wordt *mash-out* genoemd en dient om de enzymwerking stop te zetten en het graanbed losser en het wort vloeiender te maken. Zo loopt het wort makkelijker uit de draf wanneer je de brewbag laat uitlekken. Je kunt deze fase ook overslaan bij lichtere, droge bieren met een kleinere hoeveelheid mout. Voor deze bieren hanteer je doorgaans maar één temperatuurrust, tussen 60 en 67 °C. Je wilt dan liever niet opwarmen tot 78 °C, want dan loop je de kans dat je onderweg te veel onvergistbare suikers maakt, suikers karamelliseert en zelfs de brewbag verschroeit. Omdat je voor deze bieren minder mout gebruikt, loopt het wort voldoende vlot uit de brewbag zonder mash-out.

VAN MAISCHEN NAAR KOKEN

— Haal de brewbag uit de ketel en laat hem uitlekken. Niet uitwringen, want het graanbed bevat veel tannines, die je bier ongewenste bijsmaken kunnen geven.
— Je zou met **15 liter wort** moeten kunnen beginnen aan het **koken**. Als je wat meer wort nodig hebt, hang dan je brewbag in een tweede ketel en spoel de granen met water van 80 °C. Voeg het extra wort toe aan de kookketel tot je 15 liter hebt.
— Meet het **soortelijk gewicht (SG) van het ongekookte wort**. De gewenste dichtheid voor het koken staat vermeld in elk recept. Het soortelijk gewicht is gekalibreerd bij 20 °C, maar het wort zal veel warmer zijn. Er zijn heel wat online tools die helpen om dit om te rekenen (zie onder andere Handige websites).

KOKEN

70' —— Start het koken van het wort. **Pas vlak voor het wort begint te koken de pH aan** naar 5.2 om het uitvlokken van de eiwitten te bevorderen.

60' —— Kook gedurende 60 minuten. Voeg **bitterhop** toe.

10' —— Voeg 3 gram Iers mos toe (geldt voor alle recepten). Deze alg doet de uitgevlokte eiwitten, die het bier troebel maken, samenklonteren en naar de bodem van de ketel zakken. Zo kun je ze makkelijk van het wort scheiden als je overhevelt naar de gistingsemmer.

15'–00' —— Voeg de **aromahop** toe. Hoe langer de hop meekookt, hoe meer de alfazuren de bitterheid zullen beïnvloeden. Hoe korter de hop meekookt, hoe meer andere componenten, zoals humuleen en myrceen, een invloed zullen hebben op de smaak en (uiteindelijk) het aroma. Dit hangt natuurlijk ook af van de hopvariëteit.

00' —— Beëindig het koken.

GISTING

— **Koel het wort af** tot 25 °C. Gebruik hiervoor een wortkoeler (laat de laatste 5 minuten meekoken om hem steriel te maken), of laat je kookketel afkoelen in een spoelbak met ijswater.
— **Meet het begin-SG** van het wort: je meet eigenlijk de hoeveelheid vaste delen, hoofdzakelijk suiker, in water. Als je op iets meer uitkomt dan het recept aangeeft, voeg dan wat koud mineraalwater toe uit een nog ongeopende fles.
— Hevel over naar de gistingsemmer, bij voorkeur met een pvc-slangetje.
— Met deze methode en deze recepten laat je ongeveer 11 liter vergisten (je bent onderweg, tijdens het maischen en koken, zo'n 6 liter kwijtgeraakt en hebt intussen ook nog wat water toegevoegd).
— **Strooi de droge gist over het wort**. Je kunt eerst een giststarter maken, maar droge gisten recht uit het zakje doen het prima bij het hobbybrouwen.
— Laat een week gisten op de aangegeven temperatuur (tot de actieve vergisting gestopt is).
— **Meet het eind-SG**. Op basis van het verschil tussen het begin-SG en het eind-SG kun je dan het alcoholgehalte berekenen.

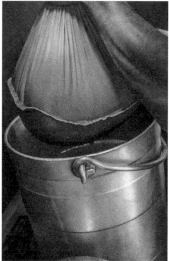

*Naast een gistingsemmer van 30 liter gebruik ik ook een kleinere
gistingsfles van 5 liter voor experimentelere brouwsels.*

Een dekentje (even geleend van mijn zoontjes) om de maischketel extra te isoleren. Zo kan het vuur uit en blijft de maisch een uur lang op de gewenste temperatuur.

Meten is weten. Een huizenhoog cliché, maar als je wilt weten waarom je zo snel dronken wordt van je eigen bier (of net niet), dan is een hydrometer een onmisbaar instrument.

Je kunt zelf aan het rekenen gaan —
(begin-SG – eind-SG) x 131,25 = % ABV
(*Alcohol by Volume*) — of je kunt een online
tool gebruiken (zie Handige websites, p. 16).

LAGEREN EN DRYHOPPEN

— Hevel het bier (het is intussen bier
geworden) naar een andere emmer met
waterslot, die we voor het gemak maar
meteen de lageringsemmer zullen noemen.
— **Hevel het sediment niet mee**. Het bestaat
vooral uit samengekoekte gistcellen. Je zult
in deze fase een tweetal liter verliezen.
— Deze fase is het best geschikt voor
dryhopping. Ik doe de hop meestal in een
hopzakje, net als bij het koken. Zo hoef
je het bier niet nog eens te filteren of de
hop eruit te vissen met een schuimspaan
(dat laatste lukt nog net met gedroogde
hopbellen, maar is niet haalbaar met
pellets). Maar wil je meer smaak en aroma
uit je hop halen, dan kun je die er ook zo in
doen (of doe iets meer hop in het zakje).
— Gemiddeld mag je het bier nog een week
laten lageren voor je het bottelt. Sommige
bieren — pils en lager, stout, fruitbier... —
hebben wat meer tijd nodig.
— Het doel van het lageren is het bier
helderder te maken en ongewenste smaken
en aroma's (meestal bijproducten van de
vergisting) te laten vervagen en uiteindelijk
verdwijnen.

BOTTELEN EN RIJPING OP FLES

— Kook 7 à 8 gram suiker per liter in een
klein beetje water. Laat het suikerwater
afkoelen tot 25 °C en doe het bij het bier.
Roer het zachtjes door het bier met een
gedesinfecteerde lepel (gebruik geen
houten lepels).
— Doe het deksel terug op de emmer en
sluit goed aan. Mocht je bij het bottelen
merken dat het water in het waterslot
naar beneden wordt gezogen, maak dan
het deksel een beetje los. Hierdoor laat
je zuurstof binnenglippen in de emmer,
maar dat is minder erg dan dat het water
in het waterslot, dat minstens twee weken
stilstond, in je bier druppelt en je bier
verpest.
— Je kunt beginnen te bottelen. Vergeet
niet eerst je flessen goed te reinigen (met
caustische soda voor vuile, reeds gebruikte
flessen en het zure, anionische spoelmiddel
voor propere flessen).
— Het bier op de bodem van de
lageringsemmer kun je het best niet
bottelen vanwege het sediment dat er zich
verzameld heeft. Je zult opnieuw 0,5 tot
1 liter verliezen.
— Je zou uiteindelijk (8 à) 10 liter bier in
(24 à) 30 flessen van 33 centiliter moeten
kunnen doen.
— Zet de flessen gedurende (minstens) een
week in een donkere, warme plaats voor
hergisting in de fles (imperial stouts en
andere bieren met een groot soortelijk
gewicht — zogenoemde *high gravity*-
bieren — hebben meer tijd nodig voor de
hergisting). Laat ze daarna nog één tot
meerdere weken rusten in een frissere
ruimte, een kelder of een koelkast.

Hevelen met een pvc-slangetje is, toegegeven, een gedoe, maar het voorkomt wel dat je wort te veel in contact komt met zuurstof en er oxidatie optreedt.

HANDIGE WEBSITES

Temperatuur, pH en soortelijk gewicht meten is van cruciaal belang bij het brouwen. Gaan rekenen met deze variabelen is dat ook voor een goed resultaat. Er zijn heel wat handige online tools te vinden. BIAB Calculator (biabcalculator.com) en de online *calculators* op brewersfriend.com zijn veelgebruikte voorbeelden.

'WE WILLEN TELKENS BIEREN BROUWEN DIE ANDERS ZIJN DAN WAT WE EERDER AL BROUWDEN'

DOK BREWING COMPANY

Don't Mention the War
— juicy pale ale

Ruim, rauw en *in your face*. Een postindustriële look, met een gepolijste betonvloer, muren uit rode baksteen, zware stalen steunbalken en een glazen zaagdak. Het is een groot contrast met de kristallen kandelaars die van dat dak naar beneden hangen. Ze zorgen voor een uitvergrote versie van de sfeer die je eerder associeert met de herenhuizen in het historische centrum van een stad. Dan zijn er nog de wat verweerde houten tafels en stoelen, die hier wel van een tweede leven lijken te genieten, nadat ze (zo beeld ik me in) jaren in een slecht verlichte bruine kroeg bij elkaar gepakt stonden. Ze staan mooi naast elkaar geschikt — om zich in hun nieuwe, gigantische omgeving niet verloren te voelen? — en nodigen de klanten uit om contact te zoeken met elkaar terwijl ze van een maaltijd of glas bier genieten.

Dit is Hal 16, in Dok Noord in Gent. Het is de speeltuin van Dok Brewing Company, een van de nieuwste Gentse microbrouwerijen. Het centrale punt van deze foodhall is een lange bar met dertig taps. Boven de bar, gesteund door de zware stalen balken, bevindt zich een mezzanine met twee grote vaten. Achter de bar zie je de roestvrijstalen ketels en tanks, die met elkaar verbonden zijn door een ingewikkelde constructie van buizen.

Deze hal echoot de oude economie, de 'bewoners' belichamen de nieuwe. Ze was ooit gevuld met de transformatoren van de Belgische machinefabrikant ACEC, een dinosaurus van het 19e- en 20e-eeuwse industriële tijdperk. Vandaag is het een ontmoetingsplaats voor foodies, *beer geeks* en eender wie die van goed, eerlijk eten houdt of graag geniet van een biertje op het grote terras voor de hal.

De foodhall met haar brouwpub en brouwerij is een goed voorbeeld van hoe een aftands industrieel gebouw omgevormd kan worden tot een bruisende ontmoetingsplaats. Ze weerspiegelt het Gentse enthousiasme voor cultuur en smaak, en de open houding van de stad tegenover lokaal en artisanaal ondernemerschap. De mensen die ik hier zal ontmoeten, zijn uitstekende ambassadeurs van die visie.

VROEGE VOGELS

Het is vroeg in de ochtend wanneer ik bij Hal 16 aankom. Brouwers zijn vroege vogels en ik zal me moeten aanpassen als ik het ambacht wil leren. Wanneer ik door de deur stap, word ik verwelkomd door een rokerige geur. Het is het aroma van gloeiende kolen en gegrild vlees. RØK, het barbecuerestaurant in Hal 16, is nog onbemand, maar de *smoker* is volop bezig met een trage, nachtelijke karwei.

Janos De Baets, de brouwer van Dok Brewing Company en de enige die hier op dit vroege uur al aanwezig is, heeft zijn strijdtenue al aan: een T-shirt met het opschrift *'Stop drinking behind my back'* op de... rug. Het is een woordgrap bedoeld voor de klanten, de tooghangers in het bijzonder, die de boodschap kunnen lezen wanneer de barmannen van Dok met hun rug naar hen toe staan om een glas bier te tappen. Het belangrijkste wapen van Janos zijn echter zijn rubberen laarzen. Ik toon hem gespeeld trots de mijne. Ze zijn spiksplinternieuw, gekocht voor de gelegenheid. En nadat me duidelijk was gemaakt hoe belangrijk ze zijn voor een 'veilige' brouwsessie.

Janos vertelt me dat een normale brouwdag om 5 uur 's ochtends begint, dus wat voor mij deze ochtend vroeg leek, is voor hem eerder aan de late kant. 'Ik heb al wat voorbereidend werk gedaan, vooral het ontsmetten van brouwmateriaal, zodat we meteen met het eigenlijke brouwen kunnen starten. Maar maak je geen zorgen, je zal straks nog mogen kuisen', zegt hij met een glimlach. Ik weet van thuis dat brouwen vooral poetsen is. Maar thuis heb ik daar geen laarzen voor nodig, thuis lijkt dat poetsen toch vooral goed op de vaat doen.

Ik vraag me af of ik nat zal worden. Waarschijnlijk niet, maar het kan. 'Als je een van de vele kleppen vergeet te sluiten,' vertelt Janos, terwijl hij wijst naar de onontwarbare constructie voor me, 'dan kun je makkelijk veel verliezen.' Water, wort en wat er nog overblijft aan draf en hopresten in de ketel en de leidingen. Janos weet waar hij het over heeft. Hij vertelt me dat hij weleens 'vuil' is geworden bij het brouwen.

Maar daar hoeven we het hoofd nog niet over te breken. Bij de eerste stap in het brouwproces is nog geen water gemoeid. En is er nog lang geen bier. 'We gaan in onze voorraadruimte zakken mout halen. We hebben 175 kilo nodig in zakken van 25 kilo.' Zet je schrap!

EEN MOUTZAK OPENEN, EEN KUNST

Ik voel me een bouwvakker, terwijl ik die zakken van 25 kilo langs een wenteltrap naar boven sleur, naar de mezzanine boven de bar. Daar bevindt zich de bron van het brouwproces: de moutmolen.

'Ik zal even tonen hoe je zo'n zak openmaakt', zegt Janos. Wat kan daar nu moeilijk aan zijn? 'De zakken zijn dichtgemaakt met een dun touwtje, op een manier dat de zak luchtdicht is. Als je dat touwtje op de juiste manier doorknipt en er dan van links naar rechts aan trekt, is de zak zo open. Maar het ziet er makkelijker uit dan het is. Soms lukt het gewoon niet.' Een slechte zakdag? 'Ik ken wel wat brouwers die op die zakken vloeken. Het is misschien wel een idee voor een wedstrijd onder brouwers, om het eerst zo'n moutzak openmaken.'

De mout in de moutmolen gieten, zak na zak, is nog slechter voor de rug dan ze naar boven brengen. Ik hoef vanavond niet meer naar de fitness. Ik zal meer dan genoeg gewicht getorst hebben.

De geschrote mout glijdt nu via een pijp de maischketel in. 'Vandaag brouwen we een juicy pale ale. Zeer basic, met 100% Belgische pilsmout en zeer fruitig door de hoppen die we gaan gebruiken.' Hop is duidelijk Janos zijn dada, zoals voor wel meer craftbrouwers. We zullen het vandaag nog vaker over hop hebben.

'Om te bitteren gebruiken we Magnum, vermoedelijk de meestgebruikte bitterhop ter wereld. Ik gebruik die graag, omdat de hop doet wat hij moet doen: het bier bitter maken zonder het aroma al te veel te beïnvloeden. Daarvoor zullen we de twee andere hopsoorten gebruiken, El Dorado en Hüll Melon. Die laatste is Duits, maar even fruitig als Amerikaanse hop. Hij voegt toetsen van meloen toe.'

Janos laat me even aan een pas opengemaakte zak met hop ruiken. De geur is, tja, verrukkelijk. En in de achtergrond bemerk ik inderdaad een vleugje meloen.

'Ik heb onlangs een verkoper van hop ontmoet. Hij stelde me enkele zeer interessante nieuwe variëteiten voor, met heel andere aroma's. In ons vorige brouwsel gebruikte ik HBC 472, een hop met een uitgesproken toets van kokosnoot.' Dit bruine bier, een zogenoemde brown ale, met een vleugje kokos heet Kevin The Brown Ale, genoemd naar Rode Duivel Kevin De Bruyne, afkomstig van het Gentse.

En terwijl het maischen zich voltrekt aan 63° Celsius — op deze temperatuur wordt het zetmeel in de mout omgezet naar vergistbare suikers — filosoferen Janos en ik nog wat verder over hop. Vlak naast ons, in een van de roestvrijstalen gistingstanks, is er een monoloog bezig. Het is Kevin The Brown Ale. Of liever CO_2 dat door een waterslot ontsnapt, een teken dat de vergisting volop aan de gang is. Het klinkt als muziek in de oren van een brouwer.

HET VIJF-MINUTEN-NAAMGEEF-SPEL

Kevin The Brown Ale, Alpha Pale, 'T Is Caramelk Trut, My Generator Broke Down And All I Got Was This Lousy West Coast IPA, Alliet Is Groot (verwijzend naar een van de investeerders in Dok Brewing Company), Blond. James Blond... Op het overzicht van de bieren op de taps vind je niet bepaald de gebruikelijke biernamen.

'Wie bedenkt deze namen?' vraag ik aan Janos.

'Het hele team eigenlijk, maar we geven ze niet veel tijd. Binnen vijf minuten moeten ze met een naam op de proppen komen', legt Janos uit. 'We', dat zijn Janos en zijn twee partners in Dok Brewing Company, biersommelier Daniella Provost en Dimitri Messiaen, een ervaren horecaondernemer.

Dimitri is net aangekomen en maakt de zaal klaar voor de lunchservice. Hij komt even achter de bar om goeiedag te zeggen en krijgt er gezelschap van Anthony, de Amerikaanse *taproom manager* en — naar wat mij wordt verteld — beer geek nummer één in Hal 16. Iets zegt me dat dit veel betekent in dit gezelschap.

Janos gaat verder over de biernamen. 'Ik vertel ze iets over het bier en dan beginnen we te brainstormen. Geen idee is te gek. Soms bepalen de omstandigheden waarin we het bier brouwden mee de naam, zoals voor My Generator Broke Down And All I Got Was This Lousy West Coast IPA. Onze warmwatergenerator ging toen echt stuk. Maar meestal zijn het toevallige ideeën die blijven plakken.'

Grappige namen vol toespelingen zijn typerend voor veel craftbieren. En de brouwers van Dok Brewing Company oefenen meer dan de gemiddelde brouwer, door het hoge tempo waarin ze nieuwe bieren brouwen. 'We kunnen hier tot vier nieuwe bieren per maand brouwen. Dit hoge tempo, en het feit dat we tot nu toe geen enkel bier in fles of blik elders verkopen, geeft ons de vrijheid om onze bieren gekke namen te geven. We hoeven geen rekening te houden met het vermarkten van de bieren', vertelt Janos terwijl hij me een glas U MA IS IPA uitschenkt (de naam van deze India pale ale moet je in het Gents uitspreken en betekent 'Uw ma is uw pa', een milde vorm van spot onder Gentse jongeren).

Het filteren van het wort en het uitwassen van de mout is ondertussen gestart. Het is tijd voor een aperitief. Voor een hobbybrouwer met een beperkte uitrusting is dat filteren en uitwassen een hele klus, vaak nogal plakkerig. Je hebt er je handen mee vol. Maar hier, nadat Janos nog even de helderheid van het wort heeft gecontroleerd, doet een pomp het werk. We kunnen dus rustig eentje drinken.

'Kun je dit tempo volhouden?' vraag ik aan Janos, terwijl ik mijn neus in het glas steek om het complexe, fruitige aroma van Amarillo, Citra en Mosaic op te snuiven. 'En hoe bouw je een recept op? Brouw je eerst een kleinere batch?'

'Ik heb lang eerst recepten thuis uitgeprobeerd, maar dat is nogal tijdrovend en dus doe ik het niet meer. Na verschillende jaren bij de Proefbrouwerij heb ik de receptuur goed in de vingers. En mijn hobbybrouwervaring gaf mij ook kennis mee over wat je bij het opbouwen van een recept het best kunt doen doet of juist beter niet kunt doen. Als je de parameters onder controle hebt, moet er al veel fout lopen voor je een bier echt om zeep helpt. Ons voordeel is dat we hier relatief kleine batches brouwen (1000 à 2000 liter), het risico is dus beperkt.'

Wanneer dit boek verschijnt, zal hoogstwaarschijnlijk geen enkel van de bieren die hier nu op tap zitten, nog te verkrijgen zijn. Heeft Dok Brewing Company dan geen signatuurbieren? 'We hebben wel een signatuurstijl. We brouwen heel wat pale ales en IPA's, we spelen ook graag met porters en stouts. En we willen voortdurend nieuwe bieren brouwen, zodat we ons niet gaan vervelen. Onze signatuur is misschien wel dat je hier, telkens als je binnenkomt, steeds iets helemaal nieuw kunt ontdekken.'

VERANDERING VAN SPIJS DOET ETEN

Variatie, daar draaide en draait het om in de craftbier-revolutie, een gedurfd antwoord geven op het monotone aanbod in een door lagers gedomineerde wereldwijde biermarkt. En het draait ook om het verlaten van de comfortzone, zowel voor brouwers als voor bierconsumenten.

Variatie krijgen we vandaag ook voorgeschoteld tijdens de lunch, door Arthur Messiaen, de grillmaster van RØK en zoon van Dimitri. Op het menu deze maand staan verschillende barbecueklassiekers met een twist, om te delen. Er is zoete aardappel met olijven en aioli, gebrande bloemkool met curry en schimmelkaas, gegrilde sardines, *pork ribs*, knolselder in zoutkorst gegaard, met een knolseldercrème, knolselderpoeder en hazelnoten. En de specialiteit van het huis: *Texas-style smoked brisket*. Het was de brisket die me deze ochtend verwelkomde met zijn aroma's. Aangenaam je eindelijk te kunnen ontmoeten — en op te eten!

Janos ziet een verband tussen het menu van een gastronomisch restaurant en zijn visie op brouwen, in elk geval toch in de fase waarin de brouwerij zich nu bevindt. 'Een chef zal zijn menu een bepaalde periode serveren, om het dan om te gooien. Maar zijn nieuwe menu zal wel trouw blijven aan zijn stijl en filosofie. Hetzelfde geldt voor onze bieren.'

Ik vraag hem of een paar vaste bieren die de klanten makkelijk herkennen niet noodzakelijk zijn voor een brouwerij. 'Ik beweer niet dat we in de toekomst niet enkele vaste bieren zullen hebben. Misschien wordt wel een van de favorieten van onze klanten een terugkerend bier op de tap. Maar om het te vermarkten is een heel andere commerciële aanpak nodig en zouden we ons moeten richten op een consistente en herkenbare smaak, in plaats van te spelen met ingrediënten en dan te zien waar we uitkomen. Weet je, veel brouwers investeren veel tijd en inspanningen om een klein gamma in de markt te zetten. Wij willen liever telkens bieren brouwen die anders zijn dan wat we eerder al brouwden.'

Dit gezegd zijnde, wil Janos er wel op wijzen dat Dok Brewing Company wel al enkele vaste bieren serveert. Het zijn geen Dok-bieren, maar bieren gebrouwen door de eigenaars van Dok Brewing Company, met hun eigen microbrouwerijen. Daniella lag mee aan de basis van L'Arogante en is mede-eigenaar van het gelijknamige bedrijf. Dimitri brouwt de craftpils 13 met The Ministry of Belgian Beers. En Janos was een van de oprichters van Hedonis Ambachtsbier, bekend in en om Gent voor Ouwen Duiker, Suzanne en Excuse Me While I Kiss My Stout. Deze bieren zijn verkrijgbaar in de brouwpub in Hal 16, maar Daniella, Dimitri en Janos benadrukken dat deze projecten geen deel zijn van Dok Brewing Company. Het blijven aparte brouwerijen die mede worden uitgebaat door partners die geen rol spelen in Dok Brewing Company. Ondertussen maakt Janos geen deel meer uit van Hedonis Ambachtsbier, omdat hij zich volledig wil richten op Dok Brewing Company.

HET RIJK VAN MOUT, HOP EN GIST

Daniella, Dimitri en Janos leerden elkaar kennen via de lokale biervereniging Gent Brouwt. Ze werden vrienden en zijn vandaag ook zakenpartners in een project dat je zou kunnen zien als een formele, langdurige collaboration brew, of collab.

Collab. Het is een woord dat vandaag steeds terugkeert in mijn gesprekken met Janos, en een sleutelbegrip voor veel craftbrouwers van de nieuwe lichting. Tegenwoordig zijn de ketels, tanks en leidingen van Dok Brewing Company gloeiend heet door de vele collabs. Het zijn speelse contactmomenten tussen gelijkgestemden, collega-brouwers die de gretigheid delen om op queeste te gaan door het rijk van mout, hop, gist en de vele andere ingrediënten die een bier interessant, smaakvol en anders kunnen maken.

Ongeveer een maand geleden brouwde Janos samen met Klaas en Liesbeth van de Gentse brouwerij Totem een zogenoemde black forest cake gose van 3,3% ABV. Voor Wisnia With a Cherry on Top, zoals het bier heet, gebruikten ze een enorme hoeveelheid kersen, maar het is vooral de verzuringstechniek in de maischketel die het bier zeer interessant maakt. Door *Lactobacillus* aan het wort toe te voegen voor het gekookt wordt, krijgt het bier op korte tijd en op makkelijk te beheersen wijze een zure smaak die doorgaans maar bereikt wordt na maanden rijpen in een houten vat. In het geval van Wisnia is het resultaat een 'vloeibare, zure kersentaart' die al verkrijgbaar is op tap een kleine maand nadat het bier werd gebrouwen. Voor een zuur bier is dat een sprint à la Usain Bolt.

Wanneer we dit schrijven, zal Janos in de eerstvolgende weken nog vier andere gasten ontvangen: Alvinne uit het Zuid-West-Vlaamse Moen, Northern Monk uit Leeds, La Quince uit Madrid en CôteWest Brewing uit Lausanne.

Veel brouwers klagen over het organisatorische gedoe en het gebrek aan tastbaar resultaat van zo'n collab, maar voor Janos is het van cruciaal belang om het brouwen spannend te houden. 'Ik werk samen met andere craftbrouwers om inspiratie op te doen en om uitgedaagd te worden en te leren.' Deze collabs zijn ook interessant voor de klanten van Dok, want ze blijven niet beperkt tot een beetje spelen tussen de ketels en de tanks. De collabs gaan meestal gepaard met een *tap takeover*, waarbij de bieren van de bezoekende brouwerij een dag lang verkrijgbaar zijn aan de toog.

Voor de nieuwe lichting craftbrouwers is dit netwerk — dat opgebouwd wordt tijdens collabs en bierfestivals, en zeer zichtbaar is op sociale media — een poort naar nieuwe technieken en ingrediënten, hop in het bijzonder. Vandaag ben ik getuige van hoe dat netwerk in de praktijk werkt. Enkele mannen wandelen een bar binnen... Het zijn Amerikanen, wat hier niet zo uitzonderlijk is. Veel Amerikaanse toeristen die Gent bezoeken, komen hier ook voor de bieren en draaien graag af naar Dok Brewing Company. Maar deze mannen zijn hier op een missie. Het blijkt dat ze vertegenwoordigers zijn van een van de grote hopboerderijen in Oregon en op weg zijn naar de BrauBeviale in Neurenberg, een enorme beurs voor de drankenindustrie. Via mond-tot-mondreclame kwamen ze in Dok Brewing Company terecht. Ze willen aan Janos graag hun hopcatalogus voorstellen.

(DRESS) CODE VAN EEN CRAFT-BROUWER

Ondertussen is het koken gestart. Janos heeft de bitterhop toegevoegd en samen maken we de filterkuip leeg en spoelen we de maischketel uit. We rijden ongeveer tien kruiwagens met draf naar buiten, naar een container. Mijn rubberen laarzen bewijzen ondertussen goed hun nut. Morgen zal Janos de draf aan een boer bezorgen uit een dorp in de buurt van Gent. Die zal er zijn dieren mee voederen. 'Ik woon in de buurt van de boerderij. Ik zet de draf 's morgens af op weg naar Dok. Het is een kleine moeite om te voorkomen dat dit voedselrijke goedje afval wordt.'

Tijd voor een koffiepauze, of preciezer, een pauze met de zoute milk stout met karamel en vanille van Dok. 'T Is Caramelk Trut wordt getapt met stikstof en door zijn rijke koffie- en chocoladearoma is het bijzonder geschikt als vieruurtje. Het is een sterke cappuccino-met-koekjes in een glas.

'Voilà, nog een pet', zegt Janos terwijl hij een groene pet met de naam en het logo van de hopboerderij nonchalant op tafel gooit. Ze belandt naast zijn glas met Caramelk. Vandaag draagt hij geen pet, maar meestal wel. Het is een van die terugkerende elementen in de dresscode van een craftbrouwer, naast de baard en de T-shirts met woordspelletjes. Hij bekent: 'Ik stelde onlangs vast dat ik in mijn kleerkast alleen nog kleren vind die iets met bier te maken hebben.'

Brouwen is vooral poetsen. Hier het minutieuze reinigen van de 'hardware': de roestvrijstalen ketels, buizen en kleppen.

Craftbrouwer is niet zomaar een job voor Janos. Het is een levensstijl, die zich niet alleen uit in zijn kleerkast, maar ook in het aantal uren dat hij bezig is met brouwen en met zijn bieren onder de aandacht te brengen. 'Elke craftbrouwer die ik ken, is een workaholic.'

OVERDOSIS HOP

De temperatuur is voldoende gedaald om de vergisting op te starten. Janos heeft het gekookte wort via een platenkoeler naar de gistingstank gepompt. Hij kan de gist toevoegen. En het is nu mijn beurt om te doen wat hij me eerder vandaag beloofde. De woorden weerklinken in mijn hoofd: 'Maak je geen zorgen, je zal straks nog mogen kuisen.'

Ik zit met mijn hoofd en één arm in de brouwketel en probeer de hoppige stoom, die me het zicht belemmert en mijn neus verbrandt, weg te wuiven. Zonder resultaat. De stoom blijft maar komen. Ik houd van het hoparoma, maar deze geur is zo sterk dat ik vrees aan een overdosis onderuit te gaan.

Ik heb mijn hoofd uit de ketel kunnen bevrijden en steek nu mijn andere arm en een tuinslang door het kijkluik om het kleverige hopresidu van de ketelwand te spuiten. Ik vraag Janos hoelang het doorgaans duurt om de ketel schoon te maken. 'Ongeveer een kwartier', zegt hij met een lichte grijns wanneer hij ziet hoe ik aan het sukkelen ben, en hij voegt er aan toe: 'Doorzetten is het enige wat helpt.' En dus zet ik door in de kunst van het spuiten met de tuinslang tot de ketel proper genoeg is voor een doortastender chemische reiniging. Ik doe er, euh, maar een klein beetje langer over dan Janos had vooropgesteld.

En zo komt er voor mij een einde aan deze brouwdag. Janos en ik ontmoeten elkaar morgen opnieuw om de draf bij de boer af te zetten. Maar eerst zal ik thuis genieten van een lekker biertje en daarna goed slapen... met dromen over het eindeloos sjouwen met moutzakken, het proper maken van maisch- en brouwketels, en met alleen maar hopplanten van de variëteiten El Dorado en Hüll Melon om het lijf en rubberen laarzen aan mijn voeten.

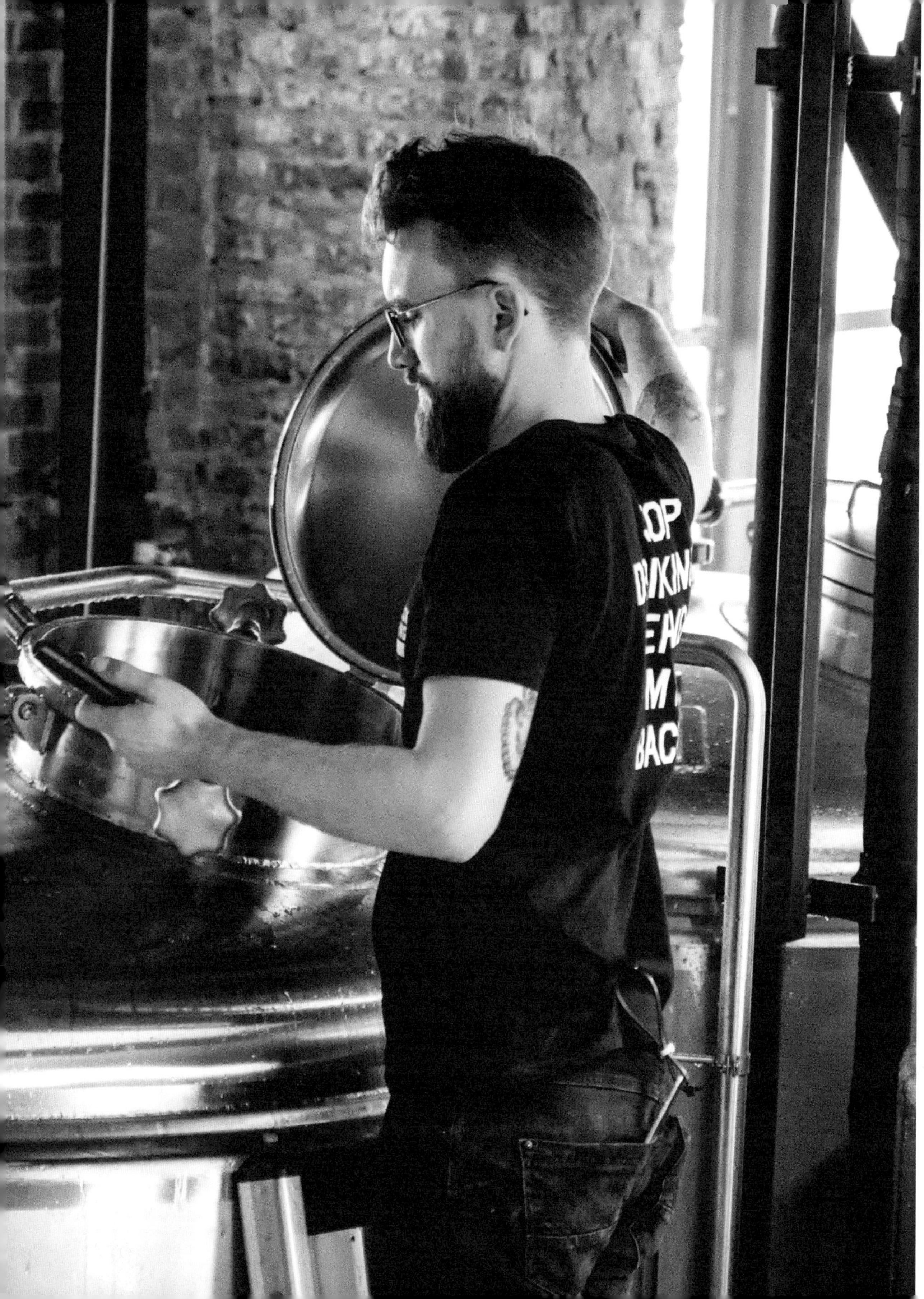

DOK
BREWING
COMPANY
—

DOKBREWINGCOMPANY.BE
HAL 16
DOK-NOORD 4B,
9000 GENT

WAT VERSTA JIJ ONDER 'CRAFTBIER' EN 'CRAFTBROUWEN'?

Janos: 'Craftbier is bier gemaakt door kleine, onafhankelijke brouwerijen, die zich van de macrobrouwerijen onderscheiden door hun zin voor innovatie en creativiteit, en omdat ze geen compromissen sluiten op weg naar hun eindproduct. Het ambacht en het vakmanschap zijn voor een craftbrouwer cruciaal. Craftbrouwen houdt ook in dat de brouwer zich wil onderscheiden van de massaproductie van grote brouwerijen door originele en authentieke bieren op de kaart te zetten, waarbij hij het experiment niet schuwt. Samenwerking en collegialiteit zijn waarden die craftbrouwers hoog in het vaandel dragen.'

DE SIGNATUURBIEREN VAN DE PARTNERS IN DOK BREWING COMPANY

Dok Brewing Company heeft tot nader order geen eigen signatuurbieren, maar de brouwerijen van de drie partners wel.

L'AROGANTE
(7.2% ABV)

'L'Arogante' is een samentrekking van 'La Roche-en-Ardenne' en 'Gent', de thuissteden van de oorspronkelijke brouwer en de oprichters van het bedrijf, en de naam knipoogt ook naar de speelse arrogantie van dit bier (de brouwers) om zich de hoppigste en meest Belgische te noemen. Arrogantie is namelijk niet meteen een eigenschap die met Belgen wordt geassocieerd. Die hebben doorgaans eerder de reputatie (cynisch) bescheiden te zijn.

L'Arogante is een intens hoppig goudblond bier met een stevige witte kraag. De drie hopsoorten leveren een aroma van tropisch fruit op. De smaak is eerst bitter-zoet, met een vleugje mout en kruiden, en eindigt met een zachte, aanhoudende hopbitterheid.

—

L'Arogante
larogante.be

13
(4% ABV)

Brouwers Dimitri Messiaen en Koen Van Laere namen twee jaar en dertien brouwsels lang de tijd om het recept voor hun craftpils op punt te stellen. Ze vonden '13' de perfecte naam voor een eigenwijs bier, een wat tegendraadse pils. 13 heeft een lichte body en een hoppige neus met toetsen van gras. Deze pils is gebrouwen met Belgische pilsmout en Belgische hop. Hij smaakt bitterder dan moutig en is in die zin de antithesis van de commerciële pilsbieren. 13 wordt niet gepasteuriseerd en is verkrijgbaar in drie versies: één hergist in de fles, één die niet hergist is en dan een versie met extra verse hop.

—

The Ministry of Belgian Beer
drink13.beer

SUZANNE
(5% ABV)

'Suzanne' verwijst naar het woord 'saison', de lievelingsbierstijl van Janos en zijn toenmalige medebrouwer Leopold De Ketelaere. Toen ze nog hobbybrouwden, leken ze wel meer bezig met hun saisons dan met hun vriendinnen. Voor de grap gaven ze daarom die bieren de bijnaam 'Suzanne'. Later werd het een satirisch personage dat ten strijde trekt tegen biermarketeers en zogezegde brouwers, wat onbedoeld voor een relletje zorgde. Ook al maakt Janos niet langer deel uit van Hedonis Ambachtsbier, Suzanne ligt hem nog altijd na aan het hart. Suzanne is een diepgele, lichtwazige saison met spelt en gedryhopt met Hallertau Blanc. Het peperige aroma bevat ook fruitige toetsen en na een eerste slok vallen meteen ook het licht sprankelende, hopbittere en friszure karakter op. Suzanne blijft even hangen, met een extra droge noot, het resultaat van een giststam die alle suikers verorbert.

—

Hedonis Ambachtsbier
hedonisambachtsbier.be

De craftbierrevolutie ontketenen

PALE ALE

De pale ale is een van de bierstijlen die nieuw leven werden ingeblazen tijdens de craftbierrevolutie. Het recept dat ik hier gebruik, is gebaseerd op dat van Don't Mention the War van Dok Brewing Company en is voor een hobbybrouwer heel geschikt om mee te beginnen. Het is eenvoudig en rechtlijnig, met maar één soort mout.

P ale ales zijn bijzonder populair bij craftbrouwers, onder meer omdat ze hun de ruimte geven om te spelen met verschillende hopvariëteiten en hoppingtechnieken.

Een van de favoriete hopsoorten van de eerste craftbrouwers was Cascade, een redelijk nieuwe hopsoort in de jaren 1970, het decennium waarin de craftbierrevolutie van start ging. Ze werd geteeld in de laboratoria van de Oregon State University met als doel een hopvariëteit te ontwikkelen die resistent was tegen valse meeldauw. Cascade was commercieel beschikbaar vanaf 1972, maar bleek aanvankelijk niet echt succesvol. De brouwmeesters bij de grote, industriële brouwerijen stonden niet bepaald te springen om het te gebruiken in hun lagers, omdat het aroma en de smaak ervan te uitgesproken waren. Maar in 1975 gebruikte de herboren Anchor Brewing Company in San Francisco Cascade voor zijn Liberty Ale, een bier waarin slechts één hopsoort werd gebruikt en dat beschouwd wordt als de eerste moderne Amerikaanse IPA en het eerste moderne Amerikaanse craftbier.

Hobbybrouwers uit het noordwesten van de VS volgden al snel het voorbeeld. Ze wilden bieren brouwen die anders waren dan de commerciële bieren — vooral lagers — die ze in de supermarkt en op café konden kopen. Het uitgesproken karakter van de lokale Cascade was hiervoor perfect.

Een cascade van hobbybrouwers

Door de Amerikaanse *Home Brew Act* van 1979 werd hobbybrouwen, dat al populair was 'underground', ook bij wet toegestaan. De Act was een belangrijk moment voor de craftbierrevolutie, omdat ze hobbybrouwers 'uit de kast' liet komen. Voor velen was dat de eerste stap om professioneel te gaan brouwen.

Ken Grossman uit Californië was een van de eerste hobbybrouwers die beroeps werden. Hij begon met een winkel voor hobbybrouwers in Chico, Noord-Californië, maar breidde die al snel uit naar een brouwerij, die hij de Sierra Nevada Brewing Company noemde, naar de nabijgelegen Sierra Nevada-bergketen. In 1980 bracht hij zijn eerste bieren uit en noemde een ervan eenvoudigweg 'Pale Ale'. Dit ondertussen iconische bier is nog steeds te verkrijgen — in grote hoeveelheden zelfs, want Sierra Nevada is van een microbrouwerij uitgegroeid tot een craftbierreus.

Pale Ale van Sierra Nevada was een eigen interpretatie van de klassieke Engelse pale ale, die in de seventies een saai en flets massaproduct was geworden. Het was een van de bieren die aan de basis lagen van de Amerikaanse craftbierrevolutie. En net als bij de Liberty Ale van Anchor Brewing Company zijn de hars- en citrusachtige toetsen van de Cascade-hop een deel van zijn DNA.

Oude Wereld ontmoet Nieuwe Wereld

Pale ales zijn niet alleen interessant voor fans van hoppige bieren, er schuilt ook een goed historisch verhaal achter. In zekere zin kun je stellen dat de stijl geboren werd in de Oude Wereld in de 18e eeuw, daarna in het zog van de Engelse immigranten reisde naar de Nieuwe Wereld en daar in de jaren 1970 opnieuw werd uitgevonden. Vanaf het eind van de 20e eeuw, maar vooral de voorbije tien à twintig jaar keerde die stijl als een wereldwijd fenomeen naar Europa terug.

De Engelse pale ales zoals we die kennen van merken als Bass zijn nochtans ontstaan uit een lokale, Engelse context: hop uit Kent, gekenmerkt door florale en aardse aroma's en smaken; een nieuwe soort bleke mout, gedroogd boven cokes uit Noord-Engeland; en het harde, alkalische water uit Burton upon Trent, de toenmalige Engelse brouwershoofdstad. Ooit was de pale ale het bier van de upper class, de antithesis van de zoet-zure en vaak stroperige porters en stouts van de working class. En door de lichtere amberkleur — ze zijn eigenlijk alleen maar *'pale'* in vergelijking met de donkere kleur van de brown ales en zwarte porters en stouts — was het een bier dat uitstekend tot zijn recht kwam in een glas, dat in dezelfde periode aan zijn opmars begon als populairste drinkgerei.

Vandaag kun je pale ales drinken in veel uiteenlopende verschijningen, maar ze delen wel enkele eigenschappen. Het zijn droge en hoppige bieren, met weinig aroma's die van de gist voortkomen, zoals esters, en relatief bleek, van heel lichtblond tot amber.

Een Oude Wereld-Nieuwe Wereld-pale ale

Het onderstaande recept is gebaseerd op Don't Mention the War en moet een zeer hoppige, fruitige pale ale worden met een droge, bittere afdronk en vrij laag in alcohol (5–6% ABV). Om verschillende redenen gebruikte ik andere hopsoorten dan Janos. El Dorado en vooral Hüll Melon zijn voor hobbybrouwers moeilijker te verkrijgen. Daarom koos ik voor East Kent Goldings en Cascade. Deze aanpassing aan het recept is dus geboren uit noodzaak, maar groeide uiteindelijk uit tot een bescheiden poging om wat biergeschiedenis en elementen van de Oude en de Nieuwe Wereld in deze homemade pale ale te stoppen.

VOOR
11 LITER
PALE ALE

MOUT: *2,5 kg pilsmout*
HOP: *14 g Magnum, 70 g East Kent Goldings, 70 g Cascade*
GIST: *SafAle US-05*
EXTRA: *Iers mos*

MAISCHEN

— Doe 16 liter water in een ketel en maak de brewbag vast aan de handvatten van de ketel. Verwarm het water tot 65 °C.

90' —— Doe de geschrote mout in het water. De temperatuur zal zakken naar ongeveer 63 °C. Doorroer het beslag om klonters te vermijden. Houd 63 °C aan gedurende 60 minuten.

80' —— Pas de pH aan naar 5,5.

30' —— Warm het beslag op tot 72 °C (een graad per minuut is perfect) en houd deze temperatuur aan gedurende 20 minuten.

— Haal de brewbag uit de ketel en laat hem uitlekken. Je zou met 15 liter wort met een SG van 1039 moeten kunnen beginnen aan het koken.

KOKEN

70' —— Start het koken van het wort. Pas de pH aan naar 5,2 vlak voor het wort begint te koken.

60' —— Kook gedurende 60 minuten. Voeg Magnum toe (14 gram).

10' —— Voeg Iers mos toe.

02' —— Voeg East Kent Goldings toe (70 gram).

00' —— Beëindig het koken.

GISTING

- Koel het wort af tot 25 °C.
- Meet het begin-SG van het wort. Je zou op 1050 moeten uitkomen.
- Hevel over naar de gistingsemmer.
- Strooi de droge gist over het wort.
- Laat een week gisten bij 20–22 °C.
- Na de vergisting zou het eind-SG 1008 moeten zijn, ongeveer 5,5% ABV.

LAGEREN EN DRYHOPPEN

- Hevel het bier over naar de lageringsemmer.
- Dryhop het bier met Cascade (70 gram) en laat het nog een week lageren op een koelere plek.

BOTTELEN EN RIJPING OP FLES

- Kook 70 gram suiker (7 gram per liter) in een klein beetje water. Laat het afkoelen tot 25 °C.
- Verwijder de hop.
- oeg de suiker toe en doorroer het bier voorzichtig met een ontsmette lcpel.
- Maak het deksel dicht. Je kunt nu bottelen.
- Zet de flessen gedurende een week in een donkere, warme plaats voor de hergisting in de fles. Laat ze daarna nog een week rusten in een frissere ruimte, een kelder of een koelkast.
- Om optimaal te genieten van de hoparoma's kan dit bier het best zo snel mogelijk genuttigd worden.

BROUWNOTITIES

- De vergisting begon niet goed. Ik moest de gistingsemmer openmaken en het wort even doorroeren met een ontsmette lepel om de gist opnieuw te activeren. Dat houdt altijd een risico op besmetting in, maar het lukte. De vergisting kwam snel op gang en later kon ik vaststellen dat het bier geen tekenen van infectie vertoonde. (Dezelfde gist gaf bij andere brouwsels geen problemen.) Had ik het wort te weinig belucht?
- Veel brouwhandboeken suggereren het toevoegen van extra gist voor de hergisting op de fles. Ik deed bij dit brouwsel wellicht wat te veel gist, waardoor de flesjes bij het openen te veel schuimden en het sediment meekwam. Dat beïnvloedde de hoparoma's en -smaken. Les geleerd: extra gist is voor hobbybrouwers niet nodig. Omdat hobbybrouwsels nooit helemaal uitgegist zijn, volstaat het wat suiker toe te voegen om de slapende gistcellen weer wakker te maken en zo de vorming van CO_2 in het flesje op gang te brengen.

'IK GELOOF DAT JE NIEUWE STIJLEN LEERT WAARDEREN DOOR ZE TE BROUWEN'

SIPHON BREWING

Blinker — saison

'Sorry dat ik een beetje later ben.' Ik heb echt geprobeerd om klokslag om 6 uur bij Siphon Brewing aan te komen en het kon gelukt zijn. Van thuis naar Damme is het een uurtje rijden. Maar ik was dus niet op tijd. De vroege brouwersuren, ze lijken me toch niet helemaal te liggen. Bovendien miste ik een klein landweggetje dat me direct tot aan het bekende, rustieke en wat afgelegen restaurant Siphon en de aanpalende brouwerij gebracht zou hebben. 'Een omweg waard' las ik op de website van Gault-Millau. Ik vrees dat ik dat advies nogal letterlijk genomen heb.

'Geen probleem', zegt hoofdbrouwer Franklin Verdonck, die vanachter de maischketel tevoorschijn kwam toen ik mijn hoofd door de deur stak. Hij is vanmorgen duidelijk al even in de weer, zoals hij snel een hap neemt van de boterham in zijn hand. 'Je vindt het toch niet erg dat ik al begonnen ben met maischen? We hebben een strak schema.' Vandaag vergezel ik Franklin tijdens twee opeenvolgende brouwsessies. Twee keer 500 liter van Blinker, een saison en het huisbier van het restaurant. De twee batches gaan samen in een van de drie gistingstanks van 1000 liter.

'Die drie gistingstanks van 1000 liter zijn nieuw. En ze zijn een beetje te groot voor de ruimte hier.' Siphon Brewing is nogal letterlijk een microbrouwerij, die een gerenoveerde schaapstal betrekt. Een paar maanden voor de brouwerij van start ging, stonden op de weide ervoor nog schapen te grazen. Elke tank en elke ketel is zo efficiënt mogelijk geplaatst. Alleen die drie nieuwe tanks verstoren het evenwicht een beetje. Ze lijken wat buiten proportie in deze stal. Die mag dan wel goed gerenoveerd zijn, groter is hij niet geworden.

De enige plaats die over was voor de nieuwe tanks, was pal voor het enige raam. 'Daar stond eigenlijk een tafel waar we ons materiaal op legden: onze notities, weegschaal en toestellen als de pH-meter en de densimeter om het soortelijk gewicht van het wort te meten', vertelt Franklin. Als ik tussen twee van deze tanks naar buiten kijk, zie ik dat er zich door dat raam een schitterend vergezicht ontvouwt: weides, rijen met wilgen en populieren zo ver als je kunt zien, en in de verte de Damse Vaart, die van Brugge naar Sluis loopt.

BIER EN LIEFJES

'Er komt amper nog daglicht binnen door dat raam en het zicht zijn we kwijt, maar we laten de poort toch meestal open als we brouwen. Toch kunnen we het hier maar beter een beetje reorganiseren in de nabije toekomst.' Franklin weet waarover hij spreekt. Hij kent de mogelijkheden en de beperkingen van deze plaats: hij puzzelde eigenhandig de brouwinstallatie in elkaar. 'Ze is ontworpen en verkocht door een Israëlisch bedrijf en kwam hier drie jaar geleden aan uit China als een soort van Ikea-pakket. Elk onderdeel was gelabeld, zodat we wisten welke buis bij welk tussenstuk hoorde. Ik ben drie weken bezig geweest met de opbouw. Het was intens. En ik moet zeggen dat ik bij momenten blij was dat ik voor ingenieur gestudeerd heb.'

Franklin is elektrotechnisch ingenieur en begon meer dan vijftien jaar geleden te hobbybrouwen, waarop hij, helemaal wild van bier, samen met zijn vrouw Kim in avondschool een cursus voor bierkenner volgde. Een van zijn toenmalige klasgenoten was Breandán Kearney, een voormalige advocaat uit Ierland die naar België was gekomen met zijn Belgische vriendin en hier ook verliefd werd op bier. De twee begonnen samen te hobbybrouwen en legden de lat snel hoog: ze probeerden de Brouwland Biercompetitie, een wedstrijd voor hobbybrouwers, te winnen. Dat lukte niet, maar ze kregen wel goede reacties, wat hen aanmoedigde om verder te doen en de kiem legde voor een carrière als professioneel brouwer.

Franklin neemt nog een hap van zijn boterham. 'Ik houd van een rijk ontbijt thuis, met ontbijtgranen en fruit, maar als ik hier zo vroeg moet zijn als vandaag, dan ontbijt ik hier, met kleine hapjes verspreid over de voormiddag.' Ondertussen is Nele, de fotografe, ook aangekomen. Ze heeft alleen oog voor de prachtige setting, die versterkt wordt door het ochtendlicht.

Ik merk op dat Nele nieuwe, witte sneakers draagt. Franklin heeft het ook gezien. 'Heb je rubberen laarzen mee?' vraagt hij. 'We gaan dadelijk het wort naar de brouwketel pompen en dan de maischketel leegmaken. De vloer zal heel snel kletsnat zijn.' 'Oeps,' reageert Nele, 'ik ben mijn laarzen vergeten.' Ze maakt schitterende fotoreportages, maar de bierwereld is nog nieuw voor haar — zoals we kunnen merken aan haar schoenen... Gelukkig heeft Franklin nog een extra paar laarzen dat ze kan dragen. Ze zien er wat te groot uit, maar zullen zeker nuttig zijn wanneer troebel water zo dadelijk over de vloer zal vloeien: een mengeling van wort, dat na het filteren en pompen nog in de maischketel is achtergebleven, en spoelwater.

48 UUR

Wanneer ik voor dit boek een brouwerij bezoek, dan probeer ik mezelf altijd nuttig te maken. In de praktijk betekent dat vooral dat ik de draf uit de maischketel mag scheppen en de kunst van het dweilen mag beoefenen. Nu de mout uitgewassen is en het overhevelen klaar is, mag ik mijn rol spelen. Ik vul enkele grote korven met draf, waarna Franklin en ik ze over de vloer naar buiten trekken. Daar zullen ze worden opgehaald door de mensen van Kopje Zwam, een coöperatie van champignonkwekers uit Brugge. Zij gebruiken al koffiegruis als een substraatlaag om champignons te kweken en testen nu of ook draf daarvoor gebruikt kan worden.

De hete draf ruikt heerlijk, en samen met de aangename koude — het is een frisse, maar mooie, zonnige februaridag — stimuleert de geur mijn appetijt. In tegenstelling tot Franklin ontbeet ik wel heel vroeg vanochtend en met het nakende middaguur krijg ik honger. 'Gewoonlijk eten we met onze gasten in het restaurant, maar het is gesloten. Ze hebben hun jaarlijkse drieweekse vakantie', legt Franklin uit. Ik zal dus in het centrum van Damme iets moeten eten.

Siphon Brewing bevindt zich op het domein van de Siphon, een restaurant dat al door de vierde generatie wordt uitgebaat en bekend is in en buiten deze hoek van België, tussen de Noordzee en de grens met Nederland. 'Breandán leerde de familie van de Siphon kennen via een gemeenschappelijke kennis. Ze waren geïnteresseerd om een brouwerij te beginnen naast het restaurant. Van het een kwam het ander en hier zitten we nu.'

*Ambachtelijk brouwen is hard labeur.
De draf uit de filterkuip verwijderen is
grotendeels handenarbeid. Die grote
emmer met draf naar buiten brengen
is dat voor de volle honderd procent.*

'Deze manier van werken, gelinkt
aan het restaurant, heeft ons zeker
een vliegende start gegeven. Maar
toch is het niet eenvoudig om een
brouwerij te runnen.' In een kleine
brouwerij als Siphon Brewing is het
belangrijk om de dingen samen te
doen en te genieten van je passie,
maar het is van cruciaal belang om
dat ook efficiënt te organiseren.
Toen de brouwerij werd opgestart,
combineerde Franklin nog twee jobs.
'We hielden toen brouwmarathons
van maandagochtend tot
dinsdagavond, omdat ik van
woensdag tot vrijdag nog werkte
als elektrotechnisch ingenieur.' Ze
brouwden dus verschillende batches
van verschillende bieren op 48 uur.

De twee opeenvolgende batches
van Blinker die vandaag op het
programma staan, zijn voor Franklin
als *a walk in the park*. Maar hij zegt
toch met klem dat hij blij is dat
die brouwmarathons verleden tijd
zijn. 'Je kunt dat niet volhouden. Ik
ben blij dat ik mijn werkuren aan
brouwen kan besteden en een min of
meer normale werkweek heb.'

VERHALEN VERTELLEN

Franklin is nu officieel hoofdbrouwer van Siphon Brewing. Breandán staat hem nog steeds bij, maar neemt meer het algemene beheer en de planning voor zijn rekening. Breandán houdt zich ook nog bezig met andere bierprojecten, zoals zijn blog en podcast *Belgian Smaak*. Hij schrijft ook over bier naast zijn blog en viel hiervoor al enkele keren in de prijzen.

Bij Siphon Brewing is Breandán ook verantwoordelijk voor de communicatie over hun bieren en de verhalen erachter. Voor Franklin en Breandán zijn die verhalen meer dan een marketinginstrument. Ze zijn een deel van de identiteit van de bieren en moeten dus meer dan gewoon leuk zijn. Franklin: 'Elk bier en zijn naam vertellen iets over Siphon Brewing.' 1902, bijvoorbeeld, is een tripel met lavendel en honing waarmee ze het verband willen leggen tussen de lange biertraditie in België, hun drive om nieuwe dingen uit te proberen en de geschiedenis van het restaurant, die teruggaat tot 1902.

Voor Blinker is dat niet anders. 'Blinker' is de plaatselijke bijnaam voor het Leopoldkanaal, een van twee parallelle kanalen die 'de siphon' kruisen. Of eigenlijk de twee sifons, waterbouwkundige constructies om het niveauverschil van de twee kanalen met de Damse Vaart van Brugge naar Sluis te overbruggen. Zowel de naam van het gehucht als die van het restaurant is afgeleid van die sifons.

Ik sta te kijken naar een whiteboard aan een zijmuur en merk enkele notities op, kriskras door elkaar, en een maisch-schema. 'Onlangs waren we de print van ons brouwdagboek vergeten en hebben we het schema maar op dit bord genoteerd. We willen altijd het hele proces bijhouden, zodat we het kunnen vergelijken met het verloop van vorige batches van hetzelfde bier of het recept kunnen aanpassen om het te verbeteren.'

Boven de notities lees ik de slogan van Siphon Brewing: 'No shortcuts. Be unafraid'. Hij lijkt wel dienst te doen als een titel op het whiteboard. Die woorden vertellen wat ik tot nu toe mocht ervaren, na enkele uren in het gezelschap van Franklin: hij heeft een klare en gedurfde mening over wat bier kan en moet zijn. 'Een Amerikaanse bierjournalist heeft ons ooit beschreven als "Old World meets New World", en dat is precies het soort bier dat we proberen te maken. We maken graag Belgische stijlen met een twist, maar interpreteren ook graag internationale stijlen. Verrassende bieren maar altijd mooi in evenwicht.'

Zoals Blinker bedoeld is, vermoed ik, in zekere zin een heel directe interpretatie van een traditionele saison, rechttoe rechtaan. Franklin gebruikt hiervoor pilsmout, Munich en donkere tarwemout, en als hop Challenger en Goldings. De gist is een standaardsaisongist, die alle vergistbare suikers gretig oppeuzelt. De Siphon-toets zit in de maischtemperatuur. Zoals voor de meeste saisons beperkt Franklin zich tot één temperatuurrust, maar in plaats van de gebruikelijke 67 °C houdt hij gedurende een uur 62 °C aan. Hierdoor zijn er meer vergistbare suikers in het wort, wat door de hongerige gist een kurkdroog, kruidig, knapperig en dorstlessend bier van 5% ABV oplevert, met een vleugje citrus en een fris zuurtje van de tarwemout, zowel in de neus als op de tong.

GEROOKTE PALING

Blinker was een van de bieren uit het vaste gamma van Siphon Brewing, maar werd onlangs vervangen door Lieve, een interpretatie van een kölsch, en is nu alleen nog verkrijgbaar uit de tap van het restaurant. 'We houden van saisons en we zijn trots op Blinker', vertelt Franklin. 'Het is het eerste bier dat we hier gebrouwen hebben, maar het is moeilijk om bierdrinkers te overtuigen om nieuwe saisons te proberen. Omdat veel klanten van het restaurant het bier lekker vinden, hebben we Blinker geheroriënteerd als huisbier.'

Het lijkt me dat Blinker voor een restaurant een uitstekend alternatief is voor een pils. Het heeft alle troeven om traditionelere bierdrinkers te verleiden om ook de avontuurlijkere Siphonbieren te ontdekken, waarvan sommige variaties zijn op het saisonthema. De koffiesaison Hutwe, bijvoorbeeld, een spin-off van Blinker. Siphon Brewing maakte het bier samen met koffiebranderij OR Coffee uit Gent. Ze gebruikten koffiebonen van het *Hutwe washing station* in Congo, die geselecteerd werden voor hun subtiele aciditeit. Het levert een mooie combinatie op met de bitterheid en de citrustoetsen van Blinker. Of Cendre, een zogenoemde black India saison, die zowel elementen van een IPA, een stout en een saison belichaamt, en die met zijn aroma en smaak knipoogt naar de huisgerookte paling waarvoor het restaurant bekend is.

Terwijl de Blinker aan het koken is, zoeken wij een plek in de late winterzon, niet ver van de oven waarin de paling wordt gerookt. 'We kregen het idee voor Cendre toen we de keukenploeg de paling zagen roken. De geur was ongelooflijk. En we waarderen die artisanale manier van werken. We maken onze bieren ook graag zo.'

Franklin en ik krijgen gezelschap van Mathias De Stecker, de verantwoordelijke voor de sales- en marktstrategie van Siphon Brewing. Het is middag. Tijd om een Siphonbier te proeven voor ik een hapje ga eten in Damme. Franklin haalt een ouder flesje Blinker tevoorschijn en demonstreert hoe hoppige bieren geen al te lange *shelf life* (de houdbaarheid, zeg maar, of althans de periode waarin een bier goed tot zijn recht komt) hebben. 'Hoppige bieren moet je snel drinken.' Niet dat deze Blinker slecht is, maar hij heeft zijn karakter wat verloren, zeker in vergelijking met wat ik proef uit een recent flesje. Het hopargument wordt een glas later nog sterker, wanneer ik een slok proef uit een net gebotteld flesje Damme Nation, een IPA in Belgische stijl vol fruitige en florale hoppen. Het is een mooie illustratie van rijkdom en balans in zowel het aroma als de smaak.

Lieve, een van de bieren uit het vaste gamma van Siphon Brewing. Een kölsch-achtig licht bier, waarmee de brouwers de Duitse bierstijlen voorzichtig omarmen.

BABY

Wanneer ik terugkom van de lunch, is Franklin klaar met de *whirlpool*-fase en heeft hij het wort al afgekoeld. Hij staat op het punt de eerste batch naar de gistingstank te pompen. Hij is dadelijk ook klaar om de tweede batch op te starten. 'Een van de voordelen van twee batches op een dag is dat je de ketels en de leidingen niet moet CIP'en (*Cleaning in place* met chemicaliën). Even goed spoelen volstaat.' En voor een microbrouwerij is het ook een manier om te groeien terwijl je nog een kleinere installatie gebruikt.

De brouwinstallatie is nog steeds dezelfde als bij de opstart, maar Siphon Brewing voegde wel die drie gistingstanks van 1000 liter toe aan de zes oudere van 500 liter. Daardoor kunnen ze niet alleen grotere hoeveelheden laten vergisten — Siphon Brewing brouwt 55 hectoliter per maand, goed voor 16.000 flessen en 270 vaten — de grotere gistingstanks zijn ook efficiënter. Door de conische vorm verzamelen vaste deeltjes (onder andere eiwit- en hopresten) zich als trub in de punt onderaan. Het bier dat naar de *bright beer tank* wordt gepompt — van waaruit het gebotteld wordt — is dan helder. Wat overblijft gaat de riool in: een noodzakelijk verlies van minstens 25 liter per tank, of dat nu een tank is van 500 liter of een van 1000 liter. Het aandeel van dat verlies is natuurlijk kleiner in die laatste.

De gestage groei die Siphon Brewing doormaakt, juicht Franklin voorzichtig toe. Het toont dat er efficiënt gewerkt wordt en dat de brouwerij levensvatbaar is. Craftbrouwen gebeurt immers niet in een economisch vacuüm. Maar ik merk ook wat twijfel in zijn stem. 'De vraag vanuit het buitenland neemt ook toe, maar we willen een goed evenwicht behouden tussen export en bier voor de plaatselijke markt. We willen te allen tijde contact houden met de mensen die onze bieren drinken.'

'Weet je, je wilt je baby graag zien opgroeien, maar je moet erop toezien dat dit niet te snel gebeurt en dat je niet te groot wordt. Op een bepaald punt zullen we personeel moeten aanwerven en ik zal het moeilijk hebben om het brouwen aan iemand anders over te laten. Ik ben een echte perfectionist, zeker op het vlak van brouwerijhygiëne. Ik zal onvermijdelijk delen van het brouwproces aan toekomstige collega's moeten overlaten. Maar we zullen er zeker voor zorgen dat we goed weten wie ons team vervoegt, via screenings en stages.'

Deze groei is een mooie beloning voor drie jaar van doorgedreven werk aan een set van bieren die blijk geeft van een duidelijke filosofie en identiteit. Dat geldt ook voor enkele prijzen die de brouwerij vorig jaar won. In januari 2018 werd Siphon Brewing op de RateBeer Awards in Portland, Oregon, verkozen tot Best New Brewery in Belgium 2017. En op de World Beer Awards kreeg het etiket van Zwaluw, een rye session ale, de prijs van Country Winner for World's Best Label Design 2017. 2018 was dus een gouden jaar voor Siphon Brewing.

BIERINGENIEUR

'En zeggen dat het bij mij begon met wijn maken. Net als mijn vader maakte ik vlierbloesemwijn, maar zoals bij elke soort wijn is je invloed op het proces beperkt, dus begon ik bier te brouwen. Als brouwer kun je het proces veel meer naar je hand zetten.' De ingenieur in Franklin is nooit ver weg. 'Bij bier is heel veel mogelijk met maar vier ingrediënten.'

Je zou kunnen stellen dat Franklin zich gewillig onderwerpt aan de oudste vorm van 'creativiteitsbeperking' door de overheid, het *Reinheitsgebot*, dat in 1516 in Beieren van kracht werd om de foute creativiteit onder brouwers tegen te gaan: het foefelen met goedkope en minderwaardige ingrediënten om meer winst te maken. 'Ik houd van de creativiteit die zulke beperkingen stimuleren, maar ik begrijp dat Duitse brouwers na vijfhonderd jaar hun buik vol hebben van het Gebot.'

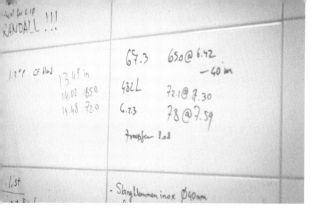

Franklin is niet de enige craftbrouwer die graag met minder speelt om er meer uit te halen. In de begindagen van de craftbierrevolutie brouwden Amerikaanse craftbrouwers volmoutbieren volgens het Reinheitsgebot. Dit deden ze als reactie op de grote industriële brouwers, die voor hun lagers en pilsbieren een deel van de mout vervingen door de goedkopere maïs.

En net als veel craftbrouwers heeft hij onlangs ook enkele Duitse bierstijlen omarmd. Kölsch, bijvoorbeeld, een hybride tussen een ale en een lager, door de manier waarop de gist wordt gebruikt. Een kölsch wordt vergist zoals een lager, op temperaturen beneden de 15 °C in plaats van de gebruikelijke hogere temperaturen, tussen 15 en 25 °C. Het resultaat is een lichtfruitige ale maar zonder uitgesproken esters, en met meer ruimte voor delicate hoparoma's en hopsmaken. 'Breandán is geen fan van de Duitse bieren, maar door de kölsch staat hij er toch wel meer open voor.'

'Mijn vrouw Kim en enkele vriendinnen hebben hier onlangs een hefeweizen gebrouwen. Hij is nog volop aan het vergisten. Hier, ik laat je wat proeven.' Franklin tapt een proefglaasje aan de tank. 'Je kunt zien hoe troebel het is. De vergisting is bijna gedaan, maar de gist blijft wel in het bier zweven, ook in het eindproduct.' *Hefe* betekent 'gist' in het Duits en *Weizen* is 'tarwe', allebei ingrediënten die bijdragen tot een wazig bier en typische kenmerken zoals het aroma van banaan en kruidnagel.

In januari 2019 kwamen Franklins vrouw Kim van Opdurp (Zytholicious) en haar vriendinnen Katrien Bruyland (Epicuralia), Daniella Provost (Dok Brewing Company) en Leen Geers (Geers Beer store) hier samen om een bier te brouwen ter gelegenheid van International Women's Day 2019. Brouwen wordt nog altijd vooral gezien als een 'mannending' en Kim en co. vonden het hoog tijd om te tonen dat vrouwen ook kunnen brouwen.

Ze doopten het bier Nola, de vrouwelijke vorm van Sint-Arnoldus, de patroonheilige van de brouwers, en kozen een doordrinkbare Duitse weizen van 5% ABV als canvas voor een hopsoort als Belma. Haar fruitige aroma's en smaak — meloen en perzik — zijn complementair met de subtiele bananenesters van de traditionele Duitse gist.

67

BIEREN
OM IETS
TE VIEREN

'En hier nog eentje dat je moet proeven.' Franklin schenkt me een glas uit een andere gistingstank. 'Ik ben zelf niet zo'n fan van *kettle souring*. Ik heb nog nooit een zuur bier met kettle souring geproefd dat de vergelijking kan doorstaan met een bier dat zijn zure smaak aan vatrijping te danken heeft. Maar ik geloof dat je nieuwe stijlen leert waarderen door ze te brouwen.'

'Deze hebben we gebrouwen tijdens een collab met Tempel Brewery uit Zweden en Brasserie de Blaugies voor ons Noble Gas-project, een reeks van zes collabs die we doen om onze derde verjaardag te vieren.' (De bieren werden gereleased op 29 juni 2019 op het verjaardagsfeest van Siphon Brewing en werden op een beperkte schaal verdeeld in sixpacks met een fles van de zes collabbieren.)

Het lijkt wel of Siphon Brewing veel te vieren heeft. En nu we ook de tweede batch van Blinker in de gistingstank kunnen doen, begin ik te denken aan hoe ik het einde van een inspirerende brouwdag kan vieren. Ik zal me daartoe graag laten verleiden door een plaatselijke meermin, die me lokt vanuit de vijver die ik kan zien door dat ene raam, tussen twee gistingstanks van 1000 liter door. Cassandra roept en ze belooft me verkwikkende koffie, sensuele donkere chocolade en een kus van de zee.

WAT VERSTA JIJ ONDER 'CRAFTBIER' EN 'CRAFTBROUWEN'?

Franklin: 'Craft, wat is craft... Een term die in mijn ogen veel en tegelijk ook niets zegt. Heeft craft te maken met de geproduceerde volumes, de kwaliteit van de bieren, de visie van de brouwer op de bierwereld en de bierstijlen? In mijn ogen zegt craft meer iets over de passie die een brouwer moet hebben om dagelijks met bier bezig te zijn. Over de waarde die hij of zij hecht aan de kwaliteit van de gebruikte grondstoffen, over het respect voor de mensen die deze grondstoffen produceren, het respect voor de tradities, maar evengoed over hoe hij of zij meegaat in nieuwe (r)evoluties binnen de bierwereld. En, misschien nog het belangrijkste, het zegt iets over het respect dat de brouwer heeft voor de bierdrinker. Daarmee is alles en tegelijk ook niets gezegd. Net zoals het begrip "craft" alles maar tegelijk ook niets zegt.'

DE SIGNATUURBIEREN VAN SIPHON BREWING

Siphon Brewing brouwt klassieke Belgische bieren met een twist, geïnspireerd door internationale bierstijlen. Dat idee krijgt een duidelijke vertaling in hun signatuurbieren, een creatieve interpretatie van het Belgische drietal blond, amber en donker. De selectie van Franklin, die de identiteit van Siphon Brewing moet tonen, bestaat uit een blond bier met gist in de hoofdrol, een amber bier waarin hop de eerste viool speelt en een donker, moutig bier. Geen van de drie heeft een stevig alcoholgehalte.

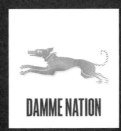

LIEVE
(4.5% ABV)

Lieve is een kölsch-achtig bier dat zijn naam te danken heeft aan het kanaal dat van Gent naar Damme vloeide en mee bijdroeg aan het economische belang van de stad tijdens de late middeleeuwen.

Lieve wordt gebrouwen met pilsmout en gehopt met Citra en Mandarina Bavaria. In het glas toont het zich als een lichtgoudblond bier. Het is verfrissend, met een levendige mousse en hopbitter. De aroma's en smaken van de drie ingrediënten waar brouwers graag mee spelen, vormen een mooi geheel — de fruitigheid van de hop, een zacht moutig karakter en subtiele esters van de gist — dat verrast met een langgerekte bittere finish.

DAMME NATION
(7% ABV)

Damme Nation is een IPA die kenmerken van drie (India) pale ale-tradities heeft: de Britse, Belgische en Amerikaanse. Zijn amberkleur brengt ons terug naar de ontstaansperiode van pale ales en IPA's in het Engeland van de 18e eeuw, zijn subtiele karameltoetsen doen denken aan de spéciale belge, en het hopprofiel — met Amarillo, Cascade en Citra — is duidelijk dat van een moderne Amerikaanse IPA.

In de neus valt het uitgesproken hoppige karakter van Damme Nation meteen op, met het aroma van pompelmoes, hars en gras, en een vleugje appel. Gelijkaardige smaken worden aangevuld met wat kruiden en karamel tegen een moutige achtergrond.

CASSANDRA
(7% ABV)

Deze oesterstout is zo zwart als de nacht en heeft een romige, beige kraag — koffie met melk — en zit voor een bier van maar 7% ABV vol aroma's en smaken. En zoals de naam van deze substijl suggereert, worden oesters, meer bepaald de lege oesterschelpen van het restaurant Siphon, tijdens het koken toegevoegd.

Het aroma wordt vooral gekenmerkt door geroosterde mout, maar aan de oppervlakte verschijnt ook een lichte fruitigheid. Cassandra, die haar naam aan een meermin uit een plaatselijke legende te danken heeft, is romig in de mond. De smaak wordt gedomineerd door de geroosterde mout en koffietoetsen, gevolgd door een hint van zoet, gedroogd fruit, drop en een klein beetje zwarte chocolade. In de verte zit ook iets mineraals, het zilte van de zee. De afdronk is zachtbitter van de geroosterde mout.

De hoppigste

INDIA PALE ALE

Als er een bier is dat de omvang van de craftbierrevolutie belichaamt, dan is het wel de IPA of India pale ale. Het was een van de eerste bierstijlen in Amerika die een vuist konden maken tegen de lagers, die als eenheidsworst de biermarkt domineerden. Dankzij hun populariteit zijn IPA's ondertussen geadopteerd door de grote, industriële brouwerijen, maar dat heeft craftbrouwers tot nog toe alleen maar aangespoord om creatief te blijven omspringen met de stijl en met nieuwe IPA-thema's op de proppen te komen.

Volgens de populaire geschiedenis werd de IPA aan het eind van de 18e eeuw 'uitgevonden' door George Hodgson van de Londense Bow Brewery om bier beter te wapenen tegen de zeereis naar de Britse kolonie Indië. De historische werkelijkheid is iets complexer en minder makkelijk terug te brengen tot één moment. Hoppige bieren kenden in Engeland al een groeiende populariteit voor ze naar Indië werden verscheept. Zo was er de landelijke October ale, een soort barley wine met veel verse hop die doorgaans pas een jaar na productie werd gedronken.

Hodgson deed eind 18e eeuw wel een tijdje gouden zaken met de export naar Indië. Omdat hij zijn buren van de East India Company maar eventjes achttien maanden uitstel van betaling gaf, kochten ze vooral bij de Bow Brewery, aanvankelijk porter en rond 1822 ook de sterk gehopte October ale. Toen zijn zonen de brouwerij overnamen en hun voordeelpositie te veel wilden uitbuiten, klopte de East India Company aan bij Allsopp uit Burton upon Trent, die, naar het voorbeeld van de October ale, met nog blekere mout — white malt — en vooral het regionale harde water de stijl naar een hoger niveau tilde. Allsopp werd snel gevolgd door stadsgenoten als de latere biergigant Bass. Niet dat de East India Company alleen nog IPA's naar Indië bracht, want de meeste Britse soldaten en expats bleven toch vooral porters drinken.

Net als vandaag was het onderscheid tussen een IPA en een pale ale nogal arbitrair, en toen brouwers de India pale ale begonnen te promoten als een bier voor de betere klasse, was duidelijk dat het gebruik van de naam meer een zaak was van marketeers dan van de brouwers. Klinkt bekend, niet?

Hoppig, hoppiger, hoppigst

De moderne Amerikaanse craft-IPA werd geboren in 1975 in de Anchor Brewing Company in San Francisco. Craftbierpionier Fritz Maytag had in 1965 de brouwerij overgenomen. In 1975 bracht hij Liberty Ale uit, een bier in Engelse stijl, maar met één hopsoort, de toen nog vrij nieuwe Amerikaanse Cascade, die als bitterhop én om te dryhoppen werd gebruikt. Met terugwerkende kracht werd Liberty Ale daarom de eerste moderne Amerikaanse IPA genoemd.

De Liberty Ale van Anchor was niet alleen de eerste stap in een lange reeks uitstekende Amerikaanse craftbieren, hij betekende ook de start van een evolutie naar steeds hoppigere bieren en steeds nieuwe substijlen van de IPA.

Arrogant Bastard Ale van Stone Brewing is met 100 IBU (*International Bitterness Units*) een klassieker onder de zeer hopbittere bieren. Die bitterheid heeft het bier nochtans te danken aan een foute hoeveelheid hop, een fout die achteraf goed vermarkt werd. Het is echter zeker niet het hoppigste bier. Sommige brouwers hebben al geprobeerd om tot 1000 IBU te gaan (wat technisch niet haalbaar is), waarbij ze de race om het hoogste aantal IBU eigenlijk bewust of onbewust tot een gimmick hebben herleid.

Dan valt er meer te zeggen voor hoppige bieren die mikken op complexiteit. Pliny the Elder van Russian River Brewing Company bijvoorbeeld, de eerste gecommercialiseerde DIPA of double IPA. Of Pliny the Younger, een triple IPA die alleen op tap in Santa Rosa te verkrijgen is, omdat zijn complexe en fragiele hopeigenschappen maar een korte shelf lifc hebben.

DIPA, TRIPA, West Coast IPA, Imperial IPA, Black IPA, Sour IPA, Brett IPA, Grapefruit IPA, Brut IPA en... Belgian IPA. Het lijkt op het eerste gezicht vooral namedropping. Al zijn er naast de herkenbare IPA-kenmerken wel opmerkelijke verschillen tussen deze substijlen en gebruiken brouwers en consumenten ze ook om hun weg te vinden in het immense aantal bieren dat elke dag wordt gebrouwen en uitgebracht. Er worden voortdurend nieuwe stijlen uitgevonden, wat best verwarrend kan zijn, of nieuwe hypes gelanceerd, maar het is ook een uiting van het dynamisme in de craftbierwereld.

Hoppen

De zoektocht naar steeds hoppigere bieren en complexere hoparoma's gaat hand in hand met de ontwikkeling van hoppingtechnieken, met de bedoeling om het maximum aan smaken en aroma's uit de hop te halen.

Er is natuurlijk dryhopping. En *continual hopping*, een techniek die Sam Calagione van Dogfish Head Craft Brewery uit Delaware gebruikt in zijn 60, 90 en 120 Minute IPA's. Geïnspireerd door een kookprogramma op tv doet Calagione gedurende het hele kookproces kleine porties hop in de ketel om complexere hoptoetsen te krijgen.

Craftbierpionier Sierra Nevada gebruikt een *hop torpedo* voor haar Torpedo Extra IPA. De torpedo is een cilindrische tank waarin het bier circuleert door een andere, geperforeerde cilinder met hopbellen. Variaties zijn de *hop rocket* en de *hop gun*.

Een logische manier om de kwaliteit van de hop in het bier te verbeteren, is beginnen aan de basis, door ofwel de hop op een andere manier te verwerken — *wethops* (natte hop, met niet-gedroogde oliën, in een blik) of *cryohop* (gevriesdroogd aromatisch hoppoeder) — of sneller, zoals bij de *24 hour hops*-procedure, waarbij de hop binnen 24 uur verwerkt wordt van de bel aan de rank tot de pellet, om het verlies van smaak- en aromacomponenten te beperken. Het Poperingse hopbedrijf 't Hoppecruyt is een van de pioniers.

Belgische IPA of tripel IPA

Een van de dingen die ik opgemerkt heb tijdens mijn bezoeken aan Belgische craftbrouwers is dat ze, hoezeer ze ook geïnspireerd worden door de Amerikaanse craftbierrevolutie, steeds respect tonen voor de lokale brouwtradities. Bijvoorbeeld door lokale toetsen aan te brengen in een internationale bierstijl. Voor de IPA kan dit betekenen dat ze doelbewust Belgische hoppen gebruiken in plaats van de sterk aromatische Amerikaanse soorten. Of ze gebruiken een andere gist, zoals een Belgische stam voor bieren van hoge gisting. Dat laatste heb ik geprobeerd voor deze tripel IPA: de fruitige aroma's van een Amerikaanse en een sterk aromatische Europese hopsoort verzoenen met de fruitige esters van de Belgische gist.

VOOR
11 LITER
(TRIPEL) IPA

MOUT: *3,6 kg pilsmout, 250 g havervlokken, 300 g Munich*
HOP: *15 g Brewer's Gold, 100 g Mandarina Bavaria, 100 g Amarillo*
GIST: *Belgian Ale Yeast M41*
EXTRA: *Iers mos, 300 g geraffineerde suiker*

MAISCHEN

— Doe 16,5 liter water in een ketel en maak de brewbag vast aan de handvatten van de ketel. Verwarm het water tot 65 °C.

90' —— Doe de geschrote mout in het water. De temperatuur zal zakken naar ongeveer 62 °C. Doorroer het beslag om klonters te vermijden. Houd 62 °C aan gedurende 60 minuten.

80' —— Pas de pH aan naar 5,4.

30' —— Warm het beslag op tot 72 °C (een graad per minuut is perfect) en houd deze temperatuur aan gedurende 10 minuten.

10' —— Warm het beslag op tot 78 °C.

— Haal de brewbag uit de ketel en laat hem uitlekken. Je zou met 15 liter wort met een SG van 1057 moeten kunnen beginnen aan het koken.

KOKEN

70' —— Start het koken van het wort. Pas de pH aan naar 5,2 vlak voor het wort begint te koken.

60' —— Kook gedurende 60 minuten. Voeg Brewer's Gold toe (15 gram).

10' —— Voeg Iers mos toe en 300 gram suiker.

00' —— Voeg Mandarina Bavaria (30 gram) en Amarillo (30 gram) toe en beëindig het koken.

GISTING

— Koel het wort af tot 25 °C.
— Meet het begin-SG van het wort.
Je zou op 1078 moeten uitkomen.
— Hevel over naar de gistingsemmer.
— Strooi de droge gist over het wort.
— Laat een week gisten bij 20–25 °C.
— Je eind-SG zou nu 1008 moeten zijn,
ongeveer 9% ABV.

LAGEREN EN DRYHOPPEN

— Hevel het bier over naar de lageringsemmer.
— Dryhop het bier met Mandarina Bavaria
(70 gram) en Amarillo (70 gram) en laat het
nog een week lageren op een koelere plek.

BOTTELEN EN RIJPING OP FLES

— Kook 80 gram suiker (8 gram per liter)
in een klein beetje water. Laat het afkoelen
tot 25 °C.
— Verwijder de hop.
— Voeg de suiker toe en doorroer het bier
voorzichtig met een ontsmette lepel.
— Maak het deksel dicht. Je kunt nu bottelen.
— Zet de flessen gedurende (minstens) een
week in een donkere, warme plaats voor
de hergisting in de fles. Laat ze daarna nog
een week rusten in een frissere ruimte, een
kelder of een koelkast.
— Om optimaal te genieten van de
hoparoma's kan dit bier het best zo snel
mogelijk genuttigd worden. Laat je het
langer rusten, dan zullen de hoparoma's
minder prominent zijn en zul je minder
een tripel IPA dan wel een complexe tripel
drinken. Maar da's ook goed, niet?

BROUWNOTITIES

— Levendige vergisting, wat één keer
resulteerde in een SG dat lager was dan ik
verwachtte, 1006 in plaats van 1008, goed
voor 9.5% ABV. Wellicht stimuleerde ik
die keer de vergisting extra door batches
van twee opeenvolgende brouwdagen in
dezelfde gistingsemmer te doen bij een
vrij hoge omgevingstemperatuur.
— In mijn eerste versie van dit recept was
ik wat voorzichtig bij het dryhoppen. Ik
voegde van beide hopsoorten maar 50
gram in plaats van 70 gram toe. Het werd
een degelijke Belgische tripel, maar de
hoparoma's werden weggeduwd door
de esters. Misschien wil jij wel hoppiger
zijn en doe je er bij het dryhoppen 100
gram Mandarina Bavaria en 100 gram
Amarillo bij?

'WE BLENDEN OP INTUÏTIE, GEBRUIKEN ALLEEN ONZE NEUS EN SMAAK-PAPILLEN'

'T VERZET

Oud Bruin en Oud Bruin Strawberry — oudbruin

In de twee vorige reportages sloot ik aan bij een brouwdag. Het was best spannend en ik deed er goede, praktische ideeën op voor mijn thuisbrouwsels. De brouwinstallatie was er natuurlijk groter en ingewikkelder, met die vele buizen, slangen en kleppen, maar ik had toch de indruk dat ik wist wat er gebeurde en welke (bescheiden) rol ik kon spelen. Vandaag mag ik 'meespelen' met Alex Lippens en Koen Van Lancker van brouwerij 't Verzet in Anzegem, in Zuid-West-Vlaanderen, tegen de grens met Oost-Vlaanderen. Maar vandaag zullen we niet brouwen.

't Verzet heeft een breed gamma aan bieren, geïnspireerd door internationale trends maar altijd met beide voeten in de regionale traditie. Ze maakten in België voor het eerst naam als craftbrouwerij met Rebel Local, een sterk blond bier met Belgische hop.

Vandaag zullen Alex en Koen 250 kilo aardbeien toevoegen aan 1000 liter Oud Bruin, hun versie van het Oudenaards oudbruin, een zurig bruin bier van gemengde gisting met een diepe roodbruine kleur. Het is vergelijkbaar met het West-Vlaamse roodbruin en

kent in dit deel van Vlaanderen een lange geschiedenis. Alex en Koen zullen vandaag ook een nieuwe batch Oud Bruin blenden.

Ik kom kort na de middagpauze aan en heb blijkbaar net de brouwsessie van de voormiddag gemist. 'Terwijl ik nog een batch Super NoAH aan het afwerken was, heeft Alex al enkele vaten en foeders geselecteerd waaruit we samples zullen halen om te blenden', vertelt Koen me. 'Maar we gaan eerst beginnen met onze Oud Bruin Strawberry.'

Koen toont me de weg naar een opslagplaats met temperatuurregeling waar ook enkele bright beer tanks staan. In het midden prijkt een stapel met kartonnen dozen. Ze staan op het punt om in te zakken. Alex is er al. Hij wijst naar de dozen. 'Dat zijn ze, 250 kilo Belgische aardbeien. Het zijn diepvriesaardbeien omdat we in deze periode van het jaar geen verse kunnen krijgen', legt hij uit. 'Ze zijn al aan het smelten. De aardbeien zitten in zakjes die vacuüm getrokken zijn, maar er kan wel wat sap uit de dozen druppen. Wil je helpen om ze naar de foederzaal te brengen?'

XXIII
XXXV
15/11/18
Paul
McCartney
2/11/18
Freddie Mercury
2/11/18
XXXIV
15/11/18
XLIV
15/11/18
Dimebag
Super Boi
Randy Rhoads
15/11/18
Zakk Wylde
2/11/18
Rob Halfo
Super Boi

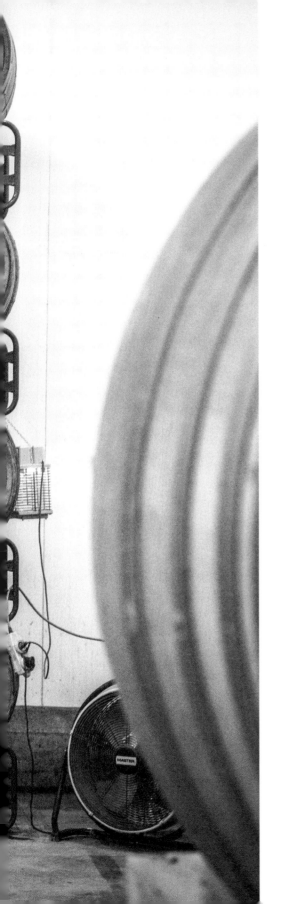

ROCKSTAR HALL OF FAME

Ik vind het als beer geek altijd opwindend om in een foederzaal binnen te komen — zelfs met kartonnen dozen in mijn handen. Je voelt je zelden welkom in een ruimte met een muffe geur, maar dat is anders als je in een zaal staat vol houten vaten en foeders. Die geur is een contra-intuïtief teken van een gezond klimaat. Houten vaten moeten vochtig gehouden worden om niet te lekken. Het voelt alsof ik me in een gigantische kelder bevind. Staren naar vier foeders die 4000 liter bier bevatten, versterkt die indruk alleen maar. De foeders liggen mooi naast elkaar, broederlijk. Visueel spelen ze een eenvoudig maar harmonieus akkoord. Zouden ze 's nachts de leiding nemen van het koor van 74 kleinere vaten? Iets zingen als *'Hey! Ho! Let's go!'* om de lactobacillen op te zwepen tot een microbiologische pogo?

Als de brouwzaal het meticuleus gemonitorde, kloppende hart van een brouwerij is, dan kunnen we de foederzaal een beetje vergelijken met de uiteinden van ons lichaam, die — soms op een vreemde manier — reageren op externe prikkels. Koude winterhanden die beginnen te gloeien in warm water, een elektrische schok als je je elleboog stoot, het bloed dat naar dat grote bloedvat tussen je benen stroomt wanneer je 'geprikkeld' raakt... Nogal opwindend allemaal, net omdat het zo moeilijk is om het onder controle te houden.

Hey! Ho! Let's go! — Alle vaten van 't Verzet krijgen de namen van bekende artiesten, zodat ze makkelijker te identificeren zijn.

Ik weet niet of Alex en Koen die vergelijking
in gedachten hadden toen ze een vleugje
opwinding, een beetje seks en drugs en rock-
'n-roll binnenbrachten in hun foederzaal. Nee,
begrijp me niet verkeerd! Er hangen geen posters
van naakte vrouwen aan de muur (toch niet
waar ik ze kan zien). Nee, de opwinding, seks en
drugs en rock-'n-roll betreft hier de foeders en
de vaten. Binnenin, waar er microbiologische
magie bezig is, en aan de buitenkant van de
foeders en vaten, waarop de namen geschreven
staan van de favoriete seks & drugs & rock-'n-
rollprotagonisten van Alex en Koen: muzikale
helden, levend en dood. Bon Scott, Bob Marley en
andere Eddie Vedders hebben het eeuwige leven
gekregen op vaten met rijpend oudbruin. En de
grote jongens van 4000 liter zijn genoemd naar
de vier Ramones.

'Er is een reden voor. Het is een manier om te onthouden welke vaten we gebruikten om te blenden', vertelt Koen en hij voegt er met enige ironie aan toe: 'We gebruikten eerst Romeinse cijfers, maar we hebben niet lang genoeg gestudeerd om dat lang vol te houden, dus begonnen we de vaten namen van onze favoriete artiesten te geven.' Het resultaat is een eigenzinnige *rockstar hall of fame*.

Alex vertelt me dat het idee ontstond op een bierfestival, enkele jaren geleden: 'We hadden niet-geblend Oud Bruin uit een paar vaten mee en deden een tasting. Het vat met de bijnaam Lemmy, naar de ondertussen overleden frontman van Motörhead, kwam er als favoriet uit. Misschien apprecieerden de mensen het wegens de naam?' Maar Koen is het daar niet zonder meer mee eens: 'Misschien was het omdat het Oud Bruin in het Lemmy-vat toen het oudste was.'

ZOMER IN FEBRUARI

Met alle dozen nu mooi naast de roestvrijstalen tank van 1000 liter zijn we zo goed als klaar om de aardbeien erin te doen. Koen vult de tank eerst met CO_2, die de zuurstof naar buiten moet duwen. 'Dat doen we om azijnzuur te vermijden. Het zou het bier op de verkeerde manier verzuren.'

Fotografe Nele is ondertussen ook aangekomen en heeft vandaag haar eigen laarzen meegebracht. Ik vertelde haar op voorhand niet dat we Oud Bruin zouden infuseren met aardbeien, dus hoe toevallig dat ze laarzen draagt met een... aardbeienprint.

Alex en ik beginnen de dozen open te maken en halen er blauwe gevacumeerde zakken met ijskoude aardbeien uit. Koen staat al op een ladder en ik geef hem de zakken aan nadat ik ze met een mes heb opengesneden. Ik probeer zijn tempo aan te houden, maar in de haast scheurt een zak in mijn handen open. De aardbeien vallen rond mij op de betonnen vloer. Wanneer de vader van Alex, Jean, binnenspringt en een handje wil komen toesteken, ben ik opgelucht.

Het tempo gaat nog omhoog en terwijl ik naar adem hap, om de schijn hoog te houden dat ik een waardevolle hulp ben, vinden Koen en Alex nog steeds de tijd om grapjes te maken. 'Het zijn brouwers,' reageert Jean, 'er zit bij hen meer dan één vijs los en we gaan die niet snel kunnen vastdraaien.'

250 kilo aardbeien, dat zijn veel dozen.

Jean is een gepensioneerde bouwvakker en hij komt elke dag helpen in de brouwerij. 'Ik ben hier 's morgens als eerste', vertelt hij, terwijl hij in een vloeiende beweging een zak met aardbeien opensnijdt en aan zijn zoon doorgeeft. Alex heeft Koen vervoegd bij de opening van de tank, op een tweede ladder. 'Vanochtend was ik hier al om 6 uur om enkele bestellingen klaar te zetten. En eerder deze week, toen ze graag om 5 uur al aan hun eerste brouwsel waren begonnen, was ik hier om 4 uur om het water op te warmen, zodat ze meteen met het maischen konden beginnen. Ik ben altijd vroeg op, dus kan ik maar beter iets nuttigs doen', vertelt Jean met de glimlach. En hij voegt er snel aan toe: 'Maar dat maischen, daar begin ik niet aan. Dat moeten zij maar doen.'

Gratis hulp is handig als je een eigen zaak opstart. 'Toen we net begonnen waren en nog geen bottelmachine hadden, deden we dat met de hand, samen met onze vaders', vertelt Koen. Ze hadden geen budget om daarvoor werknemers in te schakelen, dus die hulp maakte echt wel een verschil.

84

Oud Bruin met aardbeien: leuk werk en een heerlijke geur die doet verlangen naar een complex, fruitig bier. Iedereen tevreden dus, maar dat er nog geschrobd zou worden, stond als een paal boven water.

'Ik kan niet zeggen dat ik enthousiast was toen Alex zijn plan om brouwer te worden met me deelde', beklemtoont Jean. 'Ik herinner me nog goed dat hij van school kwam, 18 jaar oud, en aan mijn vrouw en mij vertelde wat hij na de middelbare school zou doen. "Ik ga brouwer worden", zei hij en ik antwoordde dat er niet veel toekomst voor dat beroep was. Maar hij was heel beslist. "Pa," zei hij, "de mensen drinken nu al eeuwen. Ze gaan nu niet plots stoppen."'

Alex begon aan de studies biochemie in Gent, waar ze met drie studenten kozen voor de optie brouwerijtechnologie. De andere twee waren Koen en Joran Van Ginderachter. Het drietal moest vaak nauw samenwerken tijdens practica en ze werden goede vrienden. Nadat ze afgestudeerd waren, gingen ze werken in verschillende brouwerijen. Omdat ze elkaar minder zagen en hun vriendschap wilden onderhouden, begonnen ze samen te hobbybrouwen. Van hobbybrouwen gingen ze al snel over naar gipsybrouwen: tijdens het weekend brouwden ze hun eigen bieren voor hun bierfirma Brouwers Verzet in de brouwzaal van brouwerij De Ranke en brouwerij Toye.

In 2016 vonden Alex en Koen investeerders en konden ze hun eigen brouwerij beginnen. Ze veranderden hun naam in 't Verzet. Joran, die in de Verenigde Staten stage had gelopen, koos ervoor om naar het voorbeeld van zijn oom Peter Bouckaert, die voor New Belgium in Colorado werkte, zijn Amerikaanse droom waar te maken. Op dit ogenblik is hij volop bezig zijn eigen brouwerij op te richten in Atlanta: Halfway Crooks Brewing and Blending.

NOSTALGIE IN EEN FLES

De aardbeien zitten in de tank. Koen maakt een slang vast aan de onderkant van de tank om er het oudbruin in te pompen. 'Wij voegen het bier via de onderkant toe om oxidatie te voorkomen.' Het vullen van de tank duurt ongeveer een kwartier. Ik klim op de ladder om een kijkje te nemen en kan er niet aan weerstaan om mijn hoofd ook in de tank te steken. Het aardbeiaroma is subliem. Het is februari, maar in mijn neus lijkt het wel zomer te zijn.

Terwijl Koen de aarbei-infusie verder afrondt, is Alex in de weer met het verzamelen van samples uit een van de foeders en de vaten die hij eerder die dag selecteerde. Alex doet de samples in proefglaasjes. Eerst trekt hij een nagel uit de front van een vat, waarna een klein stroompje uit een gat ter grootte van een nagelpunt loopt. 'We nemen geen samples aan de bovenkant van het vat, omdat we de flor niet willen doorbreken. Dat is ecn klein laagje van wilde gist die het bier beschermt tegen oxidatie en acetobacter, de bacterie die wijnazijn produceert als ze in contact komt met zuurstof.'

Alex verzamelt de samples boven op een lege, vierkante, roestvrijstalen tank. Hij doet dienst als een geïmproviseerde bar. Alex dekt de samples af met bierviltjes waarop hij de namen van de vaten noteert en de datum waarop het bier op vat werd gestoken. Het is een illustere line-up die zich klaarmaakt voor showtime: Bon Scott, Michael Jackson, Bob Marley, Johnny Rotten, Joey Ramone, James Brown en 2Pac.

'Deze laatste twee zijn de jongste versies van Oud Bruin', vertelt Alex me. Het James Brown-vat werd gevuld met bruin bier op 15 november 2018, slechts drie maanden geleden, en 2Pac op 4 september. 'Die zijn nog volop aan het evolueren, het zijn adolescenten, met nog veel karamelaroma en moutsmaken, sporen van het verse bruin bier.'

Koen brengt ons een glas van dat verse bruin bier om een idee te geven van de oorspronkelijke aroma's en smaken. Het smaakt een beetje saai en zou op zichzelf niet meteen een interessant bier zijn. Ik ben onder de indruk van hoeveel effect het verzuren op houten vaten heeft. En van de knowhow van Koen en Alex en het vertrouwen dat ze hebben in de evolutionaire capaciteiten van dit bruin bier. 'We selecteren vaten met bier dat minstens acht maanden tot twee jaar gerijpt heeft. Het is pas na acht maanden dat de eerste effecten van *barrel ageing* goed naar voren komen.'

Bob Marley is het oudste vat en werd gevuld op 22 februari 2017. De tannines zijn duidelijk aanwezig en zelfs als leek besef ik dat dit bier het best geblend kan worden. Met die tannines en een sterke aciditeit is Bob Marley zeker een boeiend bier, maar een beetje te uitgesproken. Door te blenden willen Alex en Koen het Oud Bruin dat op fles gaat evenwichtiger en wat ronder maken. Hoe evenwichtig en rond, of hoe zuur zo'n oudbruin wordt, is een kwestie van de smaak van de brouwer en de identiteit die hij aan het bier wil meegeven. Oud Bruin van 't Verzet is compromisloos, zuurder en complexer dan andere voorbeelden van dit type bier in de streek.

Dat is niet het enige verschil. Het traditionele oudbruin wordt 'besmet' met een cocktail van wilde gisten als *Brettanomyces* en bacteriën als *Lactobacillus* bij de tweede vergisting in roestvrijstalen tanks. Bij Oud Bruin gaat het anders, meer zoals bij het roodbruin, dat een tweede vergisting ondergaat in foeders of houten vaten. (Maar om eerlijk te zijn, de begrippen 'oudbruin' en 'roodbruin' worden vaak door elkaar gebruikt.) Oud Bruin wordt bovendien niet gefilterd of gepasteuriseerd, zeer ongewoon voor bieren van gemengde gisting.

Boven de vierkante tank hangt een poster waarop het productieproces van Oud Bruin afgebeeld is. Hij toont aan bezoekers — zoals ik — hoe en waarom 't Verzet Oud Bruin maakt. 'We brouwen deze bierstijl omdat we er echt van houden, maar ook omdat we hem niet verloren willen laten gaan en opnieuw populair willen maken. We willen er een jonger publiek kennis mee laten maken', zegt Koen. Een van de tekeningen op de poster is een karikatuur van een oude man in hiphopkledij. Hij staat symbool voor de fusie van het 'ouderwetse' en het 'hippe'.

'In zekere zin maken we Oud Bruin uit nostalgie. Op basis van de verhalen van onze vaders en ooms veronderstellen we dat het oudbruin dat zij vroeger dronken zuurder was dan wat er vandaag beschikbaar is', legt Alex uit. Hun inspanning om het oudbruin van vroeger terug te toveren wordt gewaardeerd. In 2018 vond een testpanel van *Het Nieuwsblad*, dat zich over de Belgische roodbruine bieren had gebogen, Oud Bruin het tweede beste roodbruin van België en gaf het een score van 8,5 op 10. Hun Oud Bruin Oak Leaf, dat verder rijpt op eikenbladeren, werd zelfs nummer één in de lijst met 9 op 10.

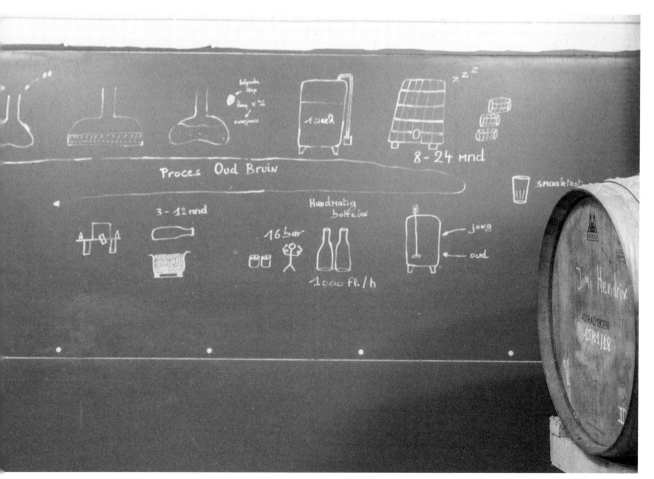

INTUÏTIEF BLENDEN

Alex en Koen ruiken eerst aan de samples en proeven er dan van. Ik wil meedoen, maar ben al blij dat ik sommige aroma's en smaken kan herkennen die zij eruit halen. Ze moeten niet lang proeven om de juiste balans te vinden. Bon Scott staat op de shortlist omwille van zijn kruidige karakter, Michael Jackson zal een toets van brood toevoegen, er is een groot aandeel weggelegd voor Joey Ramone, en Bob Marley of Johnny Rotten moeten in de blend zorgen voor een ruggengraat van tannines. Ze besluiten voor Johnny Rotten te kiezen, om een praktische reden: het vat ligt bovenaan een stapel van drie, waardoor het gemakkelijker met de heftruck verplaatst kan worden. De nostalgie krijgt even een pauze als er met zware vaten door de foederzaal gereden moet worden.

Voor het eindbesluit over de juiste proporties maken Koen en Alex elk hun eigen blend. Dan proeven ze blind en de beste wint. Vandaag is dat de blend van Koen. Al moet ik zeggen dat 'beste' me in dit geval relatief lijkt. Ik heb wel enkele subtiele verschillen opgemerkt, maar het is een *close match*. Dit beetje competitie toont de camaraderie tussen Alex en Koen. En hun tasting skills en toewijding. 'Wc blenden op intuïtie', zegt Alex. 'Sommige brouwerijen analyseren de aciditeit van hun bieren en mikken op een specifieke zuurtegraad. Wij gebruiken alleen onze neus en smaakpapillen.'

De traditie bij een nieuw publiek introduceren is belangrijk voor Alex en Koen, maar ze willen ook kunnen spelen met die traditie. In het geval van Oud Bruin zijn ze het gerijpte bier beginnen te infuseren met uiteenlopende ingrediënten om het daarna nog verder te laten rijpen, zodat het aroma- en smaakelementen van de infusie kan opnemen. De aardbeien die we vandaag hebben toegevoegd, bijvoorbeeld, of kersen, frambozen en druiven. Maar ze gebruiken ook experimentelere toevoegingen als eikenbladeren.

Om dieper te graven in de geschiedenis van dat biertype of een hybride variant te maken, spelen Alex en Koen ook met de brouw- en rijpingstechnieken die gebruikt worden voor de productie van oudbruin. Het bruin bier dat als basis dient voor Super Boil wordt gedurende zestien uur gekookt in plaats van het gebruikelijk anderhalf uur. Alex: 'Ik heb ooit gelezen dat de 19e-eeuwse brouwers in Oudenaarde dit deden om een *maillard*-reactie te veroorzaken. Die zorgt voor karamellisatie, een bruinere kleur en een diepere smaak, omdat er meer niet-vergistbare suikers in het wort zitten.' Super Boil wordt twee keer per jaar gebrouwen, onder andere in december. 't Verzet organiseert dan een open brouwdag van 24 uur.

Dan is er nog Oaky Moaky, een stout die in Ardbeg- and Ardmore-vaten gerijpt wordt, wat meer complexiteit aan het aroma en de smaak geeft, een diepere aciditeit ook, en een rond geroosterd karakter met een vleugje rokerigheid. Of Kameradski Balsamico, een blend van een imperial stout met Oud Bruin die gerijpt is in vaten die niet helemaal afgesloten worden, zodat er lucht aan het bier kan en er een balsamicoachtig azijnzuur kan ontstaan.

VERZETSDAAD

Toen ik mijn bezoek aan 't Verzet voorbereidde, botste ik op enkele foto's waarop Koen en Alex apenmaskers droegen. Vandaag heb ik hen leren kennen als brouwers die graag plezier maken tijdens hun brouwdagen. De rocksternamen op de vaten maken deel uit van die ingesteldheid. Maar hoe zit het precies met die apenmaskers?

'We begonnen ze te dragen in 2016 toen we Scandinavian Pussy uitbrachten, een eenmalig bier.' Met die naam wilden Alex en Koen Mikkel Borg Bjergsø van het Deense Mikkeller wat jennen, nadat hij in een interview nogal neerbuigend had gezegd dat je zelfs een aap kunt trainen om te brouwen. Hoewel ze de bieren van Mikkeller waardeerden, waren ze kwaad om Bjergsø's gebrek aan respect voor het talent van brouwers en het harde werk dat ze leveren. Ze besloten te reageren met de taal die ze het best kennen, die van het bier en het brouwen. 'Hij is een "Scandinavian Pussy" omdat hij bang is om zijn eigen brouwerij te beginnen', vertelt Alex over de naamskeuze. (Tot op vandaag doet Mikkeller voor de meeste van zijn bieren aan *contract brewing*, waarbij je opdracht geeft aan een brouwer om jouw bierrecept uit te voeren.) Op de foto bij de release van het bier droegen Alex en Koen apenmaskers en dat zijn ze sindsdien blijven doen wanneer ze een nieuw bier voorstellen.

Brouwen is zeker geen *monkey business*, maar Alex en Koen kunnen wel klauteren als apen. Om te controleren of Joey Ramone bijna vol is met een nieuwe batch vers bruin, probeer ik boven op de foeder te klimmen. Het is niet zonder risico, dus doe ik het voorzichtig. Ik blijf er een tijdje, tot ik mijn plaats afsta aan Alex, die in geen tijd boven is en daar erg comfortabel zit. Comfortabel genoeg voor een gezellige babbel terwijl het laatste beetje bruin bier de foeder in stroomt.

En dan, heel plots, merkt Koen, die de pomp bedient, dat er bier uit Joeys hoofd lekt. De pomp is snel uitgezet, maar dat kan niet voorkomen dat er bier uit de foeder loopt, naar een moeilijk bereikbaar hoekje van de foederzaal. Een brouwer aan de praat houden over bier is dus niet zonder gevolg. Maar ik ben er zeker van dat ik het dadelijk zal kunnen goedmaken. Er volgt immers nog poetswerk, dat deel van het brouwen waarin ik zo stilaan begin uit te blinken.

WORK-LIFEBALANCE

Alex wil vandaag graag wat vroeger naar huis. Hij heeft een date met zijn vrouw. 'Sinds we kinderen hebben, hebben we elke maand een date.' Alex en Koen delen ook hun privéagenda met elkaar, zodat ze van elkaar weten wanneer iemand iets speciaals gepland heeft en dan geen late uurtjes kan kloppen. Gepassioneerd zijn over je werk is essentieel voor een craftbrouwer, maar Alex en Koen willen ook goed het evenwicht tussen werk en privé bewaken. Een goed evenwicht, dat is precies wat ze ook in hun Oud Bruin willen.

Ook voor mij is het tijd om naar huis te gaan. Mijn vrouw heeft een date met enkele vriendinnen. Wanneer ik thuiskom, zal ik nog een verhaaltje aan de kinderen voorlezen en hen dan in bed stoppen. Mijn gezelschap voor vanavond, terwijl ik mijn notities van deze brouwdag uittyp, wordt Kameradski Balsamico. En de date met mijn vrouw zal ik met stip aanduiden in onze agenda. Het is tijd om de vele uren die ik voor het schrijven van dit boek opeis een beetje te compenseren.

WAT VERSTA JIJ ONDER 'CRAFTBIER' EN 'CRAFTBROUWEN'?

Alex en Koen: 'Voor ons is craftbrouwen moeilijk te definiëren in termen van grootte van een brouwerij, het aantal werknemers of de mate van automatisatie van het brouwproces. Craftbrouwen kun je beter uitleggen als een gevoel, als het maken van bewuste keuzes en een levensstijl. Voor een craftbrouwer komt de liefde voor zijn product en zijn ambacht op de eerste plaats.'

'Een recept voor craftbier schrijven gebeurt intuïtief, met veel honger naar experiment. Het bier zou de smaak van de brouwer moeten weerspiegelen, die geen compromissen heeft gesloten om er een crowdpleaser van te maken.'

'Voor ons moet een craftbrouwer een gezonde dosis koppigheid bezitten. Zijn brouwerij moet een sterke identiteit hebben, een herkenbare smoel, en de brouwer moet daar trouw aan blijven. Dat betekent ook dat een craftbrouwerij onafhankelijk blijft. Grotere, traditionele brouwerijen kunnen ook "craft" zijn, als ze maar blijven innoveren en verrassen, en trouw blijven aan hun identiteit.'

'Tot slot: voor ons is ook het wederzijdse respect van en de collegialiteit onder craftbrouwers een belangrijk kenmerk.'

BROUWERIJ 'T VERZET
—

BROUWERIJTVERZET.BE
GROTE LEIESTRAAT 117,
8570 ANZEGEM

DE SIGNATUURBIEREN VAN 'T VERZET

SUPER NOAH
(4,9% ABV)

Super NoAH, een acroniem voor Super No American Hops, is een lichtwazig, strogeel sessionbier met een volle schuimkraag. De bedoeling was om een lichtalcoholisch, hoppig bier te maken met alleen maar Belgische hop, om bierliefhebbers te tonen dat je voor smaakvolle sessionbieren geen Amerikaanse hop nodig hebt.

In de neus is Super NoAH floraal, met aroma's van gras, peper en groene kruiden. Er duikt ook wat mout op. De smaak is verfrissend, met eerst zachte citrustoetsen, dan een beetje mout en tot slot een zachtbittere afdronk. Het maakt van Super NoAH een licht bier dat mooi in balans is.

OUD BRUIN OAK LEAF
(6% ABV)

Aan Oud Bruin Oak Leaf worden handgeplukte eikenbladeren toegevoegd, waarop wilde gisten leven die aan het Oud Bruin nog meer complexiteit en aciditeit geven.

Het bier is donkerbruin met een rode gloed en bevat aroma's van thee met gedroogd fruit en wat groene appel. Op het tweede plan ontwaar ik vanille en beurre noisette. En nadat je deze Oak Leaf even in je glas hebt laten ademen, komt de geur van bos aan de oppervlakte. De smaak wordt gedomineerd door fruitig zuur dat even blijft hangen, om dan plaats te maken voor subtiele tannines.

KAMERADSKI BALSAMICO
(12,5% ABV)

Dit is er eentje waar je voor of tegen bent, een non-conformist onder de bieren. Niet omdat hij zo zwaar is — al mag je een bier van 12,5% ABV gerust een sloophamer noemen — maar vanwege zijn onorthodoxe aard: een blend van imperial stout met Oud Bruin, met een balsamicoachtige aciditeit.

Kameradski Balsamico oogt zwart met een sprankeltje robijnrood en heeft een beige schuimkraag. In het aroma komt de alcohol sterk naar voren, net als een duidelijke balsamicogeur, geaccentueerd door toetsen van gedroogd rood fruit, snoep en koffielikeur. De eerste slok komt wat stroopachtig over, maar Kameradski Balsamico trekt dan een uiteenlopend smakenpalet open: zoet en een beetje zuur, bittere toetsen van koffie en zwarte chocolade met krenten. Complex en verrassend van begin tot einde.

Sombere melancholie van de Russische ziel

STOUT

Porters en stouts zijn vandaag vaak dure bieren om te maken — met een gevarieerde en rijke hoeveelheid speciaalmout — en een nicheproduct in vergelijking met blonde, hoppige bieren. En toch waren ze (vooral porters dan) ooit het bier van het gewone volk, het eerste industriële bier ter wereld ook.

Van de craftbrouwers die ik tijdens mijn tocht ontmoette, kreeg ik vaak te horen dat stouts en porters hun dierbare zorgenkindjes zijn, vervaardigd met passie maar moeilijk om er een breed publiek warm voor te maken. Dat houdt hen, en hun collega's over de hele wereld, niet tegen om een grote variatie aan substijlen te brouwen.

Porters en stouts hebben twee dingen gemeen: ze zijn heel donker tot pikzwart en hebben een geroosterd karakter. Het verschil tussen een porter en een stout is zo troebel als hun prille oorsprong. Voor veel bierkenners zijn het substijlen binnen dezelfde categorie. Dat idee heeft een solide historische basis: de stout was oorspronkelijk een 'stout' porter of een sterke porter. Vandaag wordt de term 'stout' het vaakst gebruikt om beide types bieren te benoemen.

Stouts en porters zijn een inspirerende bron van variatie, zoals blijkt uit deze onvolledige opsomming: dry stout, milk stout, oatmeal stout, extra stout, coffee stout, chicory stout, oyster stout, chocolate stout, barrel-aged stout, sour stout, imperial stout, smoked porter, Baltic porter, chipotle porter, porterine... *You name it!* En laten we de black IPA niet vergeten, die een stout lijkt maar als een IPA smaakt. Of de gouden stout, die er niet uitziet als een stout, maar wel een stoutachtig aroma- en smaakprofiel heeft.

Stouts en porters mogen dan geen bestsellers zijn, ze geven wel blijk van heel wat creativiteit. En als beer geeks fan zijn van een stout, dan zijn ze echt fan van die bepaalde stout. Zo zijn er een paar die een grote schare fans hebben. Founders Breakfast Stout, bijvoorbeeld, of Left Hand Milk Stout, Old Rasputin Russian Imperial Stout en Black Albert, dat oorspronkelijk door de Belgische Struise Brouwers gebrouwen werd op vraag van de Amerikaanse Ebenezer's Pub en veel fans heeft aan beide kanten van de Atlantische Oceaan.

Van troebel naar imperial

Porters en stouts kenden een bescheiden ontstaan in het begin van de 18e eeuw: het waren donkere, troebele bieren voor de Londense working class, waarvan er heel wat werkten als *porter*, een arbeider die letterlijk ladingen door de stad draagt. Dankzij nieuwe industriële technieken om te mouten, de groeiende kennis van het brouwproces en een toegenomen gebruik van hop — omstandigheden die wat later ook de opkomst van de pale ales mogelijk maakten — werden porters en stouts betere, hoppigere, complexere, sterkere bieren, gemaakt met een industriële efficiëntie tegen een democratische prijs. Van de drank van de porters groeiden ze uit tot een waardevol exportproduct dat bijzonder populair was aan de Baltische kusten en in Rusland, zelfs aan het hof van de tsaar en tsarina.

In de tweede helft van de twintigste eeuw zakte de interesse voor deze bieren ineen, vooral in hun land van herkomst, Engeland. Maar ze werd nieuw leven ingeblazen dankzij het werk van bierauteur Michael Jackson en Amerikaanse craftbierpioniers als (opnieuw)

Anchor Brewing in de jaren 1970. Dichter bij de bron speelde ook de vereniging CAMRA (Campaign for Real Ale) een rol in de revival van porters en stouts vanaf de late jaren 1990 en begin 2000.

Vandaag zijn vooral stouts zo imperial als ze ooit waren, bij uitstek het bier dat je langzaam proeft, gezellig op de sofa, zoals je dat zou doen met een glas single malt whisky. Zeker op een koude winteravond kan een stevige imperial stout je hart verwarmen en je aansporen tot grondig gefilosofeer. Om het met de woorden van de Duitse bierauteur Horst Dornbusch te zeggen: 'Een imperial stout is een metafoor voor de sombere melancholie van de Russische ziel.' Nu begrijp ik waar dat gevoel tijdens die winteravonden vandaan komt: ik voel me dan een klein beetje Russisch.

Imperial coffee stout

Voor dit bier lag de lat hoog. Mijn zoektocht naar meer brouwkennis begon immers bij een mislukte imperial stout, een van mijn favoriete bierstijlen. De uitdaging was ook technisch groot, omdat dit een zwaar bier is met meer dan 4 kilo mout die ik moest maischen in een ketel van 20 liter. Het lukt maar net.

VOOR
11 LITER
STOUT

MOUT: *3,3 kg pilsmout, 300 g Special B, 300 g Munich, 150 g tarwemout, 150 g chocolademout, 150 g black, 150 g havervlokken*
HOP: *10 g Brewer's Gold, 10 g East Kent Goldings, 10 g El Dorado*
GIST: *SafAle S-04*
EXTRA: *Iers mos, 500 g kandijsuiker, 50 g koffie*

MAISCHEN

— Doe 16,5 liter water in een ketel en maak de brewbag vast aan de handvatten van de ketel. Verwarm het water tot 68 °C.

75' —— Doe de geschrote mout in het water. De temperatuur zal zakken naar ongeveer 67 °C. Doorroer het beslag om klonters te vermijden. Houd 67 °C aan gedurende 60 minuten.

70' —— Pas de pH aan naar 5,4.

15' —— Warm het beslag op tot 78 °C.

— Haal de brewbag uit de ketel en laat hem uitlekken. Je zou met 15 liter wort met een SG van 1068 moeten kunnen beginnen aan het koken.

KOKEN

70' —— Start het koken van het wort. Pas de pH aan naar 5,2 vlak voor het wort begint te koken.

60' —— Kook gedurende 60 minuten. Voeg Brewer's Gold toe (10 gram).

35' —— Voeg East Kent Goldings toe (10 gram).

10' —— Voeg Iers mos toe en 500 gram kandijsuiker.

00' —— Voeg El Dorado toe (10 gram) en beëindig het koken.

GISTING

- Koel het wort af tot 25 °C.
- Meet het begin-SG van het wort. Je zou op 1090 moeten uitkomen.
- Hevel over naar de gistingsemmer.
- Strooi de droge gist over het wort.
- Laat een week gisten bij 20–22 °C.
- Je eind-SG zou nu 1020 moeten zijn, ongeveer 9% ABV.

LAGEREN EN DRYHOPPEN

- Hevel het bier over naar de lageringsemmer.
- Voeg een hopzakje toe met 50 gram ruw gemalen koffie en laat het bier nog een week lageren op een koelere plek.

BOTTELEN EN RIJPING OP FLES

- Kook 70 gram suiker (7 gram per liter) in een klein beetje water. Laat het afkoelen tot 25 °C.
- Verwijder het hopzakje met de koffie.
- Voeg de suiker toe en doorroer het bier voorzichtig met een ontsmette lepel.
- Maak het deksel dicht. Je kunt nu bottelen.
- Zet de flessen in een donkere, warme plaats voor de hergisting in de fles. Imperial stouts, en andere zogenoemde high gravity-bieren zoals barley wines, hebben tijd nodig om verzadigd te raken van CO_2. In plaats van een week laat je de flessen best 3 tot 4 weken in de warme ruimte. Deze bieren worden beter als ze tijd krijgen om te rijpen.

BROUWNOTITIES

- Ik deed, nieuwsgierig naar het eindresultaat, al na een week rijpen een flesje open. Het was, zoals de theorie voorspelt, nog helemaal plat. Pas in week 3 zat er voldoende prik in de fles. Maar voor de mooie, romige kraag die je verwacht bij een imperial coffee stout, was het ruim vijf weken wachten.

- Opgelet met die koffiebonen. De eerste keer dat ik dit recept brouwde, voegde ik 90 gram koffie toe. Maar het aroma en de smaak van de koffie was te dominant. Bij een volgende batch deed ik er maar 50 gram bij, genoeg voor de subtiele koffietoets die ik voor ogen had.

'BUSINESS IN THE FRONT, PARTY IN THE BACK'

BRASSERIE DU BORINAGE

Festival de la coupe mulet

Antoine Malingret en Damien Hubert hebben grootse plannen dit weekend. Ze organiseren in Boussu, nabij Mons, het allereerste Europese Festival de la coupe mulet of nektapijtenfestival. Ik wist dat het moeilijk zou worden om nog deze week met hen af te spreken.

Wanneer ik aankom bij Brasserie du Borinage, tot voor kort brouwerij Ça brasse pour moi, zie ik mensen druk heen en weer gaan tussen een bestelwagen en het brouwerijgebouw. Ze dragen onderdelen van een tapinstallatie. Ik zou Antoine en Damien moeten herkennen van hun vele Facebookposts, maar geen van beiden lijkt hier al te zijn. Dan zie ik nog een bestelwagen... Nee, geen Antoine of Damien.

Mijn telefoon rinkelt. Het is Damien. 'Sorry dat we er nog niet zijn, Jeroen, we zitten met een noodsituatie, maar zijn er bijna. Doe ondertussen alsof je thuis bent.'

Ik contacteerde Brasserie du Borinage onlangs om een brouwdag bij te wonen, maar door de drukte rond hun festival konden de brouwers geen dag meer vrijmaken in hun agenda. Ik suggereerde dan maar dat ik gerust wilde meehelpen met het harde labeur om de site klaar te maken. Zo zou ik die bierfestivaldrukte vanop de eerste rij meemaken.

Ondertussen is Nele ook aangekomen. Terwijl we wachten op Antoine en Damien, slenteren we wat rond in en om de brouwerij. Het is duidelijk dat er nog veel werk moet gebeuren. Ze hebben duidelijk van alles verplaatst, maar lijken wel halverwege gestopt te zijn. Het is hier stil. Te stil. Stilte voor de storm. *Et alors*? Er zijn toch nog twee dagen voor 'D-Day'?

En dan komen Antoine en Damien aan, in een zwarte bestelwagen, à la the A-Team, duidelijk gehaast, maar zonder dat het hun cool aantast: haarsnit met nektapijt, ook bekend als een *Kentucky waterfall*, en een borstelige snor. 'Het is niet zomaar een verkleedpartij', zal Damien me later vertellen, maar de gelegenheid, het festival, speelt wel een rol in hun verschijning.

DÉWANNE

'Ik moet toegeven dat we niet veel tijd hebben. We moeten nog zoveel doen', zegt Damien. Antoine kijkt bedachtzaam. Onder de snor schuilt een bezorgde gezichtsuitdrukking. 'Ik ben hier om waar mogelijk te helpen', vertel ik ze. Voor deze brouwerijreportages wil ik altijd wat actie. Vandaag mag dan wel geen brouwdag zijn, er hangt veel actie in de lucht met deze jongens, dingen die integraal deel uitmaken van wat een craftbrouwerij doet om bierliefhebbers te bereiken en een rol te spelen in de lokale gemeenschap.

'Wel, er is iets waar je ons enorm mee zou helpen', zegt Damien met wat aarzeling in zijn stem. 'We moeten nog bier leveren aan een hotel in Brussel...' Ik begrijp waar hij naartoe wil. 'Tuurlijk,' antwoord ik, 'ik kan dat wel doen. Om naar huis te rijden moet ik toch via Brussel.' Ze lijken opgelucht. 'Je zou tien vaatjes naar daar moeten brengen', zegt Antoine. 'Ik moet ze nog verzadigen met CO_2 en dan zijn ze klaar om mee te nemen.'

'Als je wilt, kunnen we ondertussen de bestelwagen uitladen? Daarna leid ik jullie even rond en vertel ik over onze plannen dit weekend', zegt Damien. 'Antoine, toon jij hoe je de vaatjes van CO_2 voorziet?' vraagt hij. 'Liever niet. Ik moet me goed concentreren. Er mag niets misgaan. We willen geen bier verkopen zonder prik.'

Geen probleem, Antoine, alles voor een goed, sprankelend bier.

Damien maakt de laadruimte van de bestelwagen open. Hij is volgeladen met flightcases en microstatieven voor de optredens van zaterdag. We leggen het materiaal in een oude zeecontainer. Als we klaar zijn, neemt Damien Nele en mij mee naar het dak van de container. 'Hier komt een kapsalon. We willen dat bezoekers die nog geen *coupe mulet* hebben er een kunnen laten knippen. Dit wordt dolle pret.'

Vanop het dak van de container hebben we een prima zicht op de festivalsite. 'Het festival vindt plaats op het terrein van de brouwerij en op het stuk weide erachter. Dat is van de gemeente. Die steunt het festival voluit en gaf ons toestemming om die weide te gebruiken en de scheidingsmuur neer te halen. Dat deden we gisteren pas. Ja, het is allemaal nogal last minute', zo bevestigt Damien de eerste indruk die ik had toen ik hier aankwam.

Terug op de begane grond vertelt Damien dat er wat van hun brouwfilosofie in het kapsel met nektapijt zit. *'Business in the front, party in the back.'* De zaken vooraan, het feesten achteraan. 'Zoals de ernst van het kortgeknipte haar vooraan zijn wij ernstig als het gaat over zakendoen, over bier of over ons ambacht. Maar we willen ook veel plezier maken en gekke dingen doen, over the top. In ons dialect — het woord bestaat niet in het Standaardfrans — noemen we dat *"déwanne"*. Het nektapijt is *déwanne.'*

Dat is ook hoe je dit festival zou kunnen omschrijven, of het werk dat nog moet gebeuren om alles klaar te stomen voor... 'Meer dan drieduizend mensen, als iedereen komt opdagen die zich aanmeldde via het event op de Facebookpagina. We mogen in elk geval drieduizend mensen binnenlaten. We hadden nooit gedacht dat we zelfs maar in de buurt van dat aantal zouden komen.'

BOUSSU, BORINAGE, BELGIË

'Brasserie du Borinage draait om meer dan alleen bier brouwen en verkopen. We maken deel uit van de gemeenschap hier. We zijn hier geboren en getogen, in de Borinage, een streek met veel werkloosheid en slechte economische vooruitzichten. Wij willen laten zien dat we hier een bedrijfje kunnen beginnen, en dat we dat op onze eigen manier kunnen doen', vertelt Damien, terwijl we naar de andere kant van het festivalterrein stappen. Zijn woorden worden beklemtoond door het contrast tussen aan de ene kant de speelplaats van de plaatselijke lagere school — de toekomst van deze gemeente — en aan de andere kant een vervallen gebouw met een poort die op zaterdag als festivaltoegang zal dienen — een symbool van het verleden van deze getroebleerde streek.

'We kennen geen enkel bedrijf in de Borinage dat "Borinage" in zijn naam gebruikt. Wij doen dat opzettelijk wel. De mensen hier hebben een heel laag zelfbeeld en daar willen we iets aan doen. We willen de *Borains* trots maken op de Borinage.' En humor — zelfspot en ironie — spelen daarbij een belangrijke rol, zoals bieren als Boriner Vice illustreren. Op het etiket staan de voeten van een man afgebeeld die witte sportsokken draagt in groene plastic sandalen. Of Urine, een double IPA, speciaal gebrouwen voor het festival, die de spot drijft met de 'flauwe pis' die nogal wat bier op festivals is.

Het festival lijkt me een toppunt te moeten worden van deze alliantie van herwonnen trots en zelfspot. Wanneer ik het op zaterdag bezoek, is de levendige, hartelijke sfeer tastbaar, met mensen van alle leeftijden die zich duidelijk amuseren. Sommigen lijken echt uit de eighties te komen, anderen zijn hun alledaagse zelf en komen hier gewoon voor het plezier. De meeste bezoekers zitten daar ergens tussenin en zien het festival als een uit de kluiten gewassen verkleedfuif, met hun nektapijtpruiken en gekke zonnebrillen. Het maakt niet uit, het plezier en *la déwanne* primeren.

En toch, op het festival is er ook 'business in the front'. Wanneer ik aankom, neemt een plaatselijke tv-ploeg een interview af met Damien. Het festival kreeg veel aandacht en wordt in de streek duidelijk gewaardeerd. Damien en Antoine weten waar ze mee bezig zijn. Op woensdag zou je ze nog verdacht hebben van improvisatie, 's zaterdags is duidelijk dat ze dit echt wel voor elkaar hebben gekregen.

RTBF, RTL, *Le Soir*, *Paris Match*, *Vice*. Zowel in de (Franstalige) nationale als in (een klein deel van) de internationale pers kwam het Festival de la coupe mulet aan bod. Dat is geen toeval. Het persbericht maakt duidelijk dat het festival goed voorbereid is en met een helder toegelichte visie onderbouwd werd. En in Europa is het enig in zijn soort.

GEKKE NAMEN, ERNSTIGE INHOUD

De visie achter het festival komt ook terug in een aantal keuzes die Antoine en Damien maken. L'Empire, een van hun signatuurbieren, stroomt op het festival alleen uit de tapkraan aan de bar binnen en is niet verkrijgbaar op het festivalterrein, aan de andere bars buiten. Een bewuste keuze om de consumptie van L'Empire wat aan banden te leggen. Deze imperial lager van 10% ABV is immers een stevige kerel, maar wel doordrinkbaar en een dorstlesser. Op een festival is dat een gevaarlijke combinatie, die voor problemen zou kunnen zorgen. En problemen, zo heb ik als outsider begrepen, is niet *déwanne*.

Voor het festival bracht Brasserie du Borinage wel twee nieuwe bieren uit: Kentucky Waterfalls, een pils, en Urine, een double IPA. Gekke namen, ja, maar de inhoud is, zoals bij alle bieren van Brasserie du Borinage, ernstig te nemen en veel dichter bij de bron van de ingrediënten dan hun naam doet vermoeden.

De brouwerijgebouwen vormden vroeger de boerderij van Antoine Malingrets grootouders, en zijn vader is nog altijd actief als landbouwer. Zijn velden liggen wat verder in de straat. 'Mijn vader teelt vijf soorten granen: tarwe, rogge, haver, spelt en natuurlijk gerst', vertelt Antoine. 'De eerste vier graansoorten worden niet gemout. De gerst gaat naar de Malterie du Château, in Beloeil, hier amper vijftien kilometer vandaan. Daarna wordt de mout verdeeld via het TerraBrew-netwerk, dat landbouwers, mouters en brouwers verenigd.'

'Al onze bieren bevatten ongemout graan van de boerderij.' De bieren mogen dan geïnspireerd zijn door internationale trends, gekke namen dragen en speels zijn, ze zijn ook sterk geworteld in een oude streek- en familietraditie.

Tegelijkertijd proberen Antoine en Damien vernieuwend te zijn in de manier waarop ze hun bieren aan de man brengen. Naast de klassieke distributie bieden ze bierliefhebbers de mogelijkheid om de bieren te leren kennen op de brouwerijsite, bijvoorbeeld tijdens het Festival de la coupe mullet, het Apéro du Dimanche, en food pairing- en bierproefavonden. Antoine en Damien trekken ook rond met hun *Déwanne*-mobiel, een vintage caravan die ze tot een gekke biertruck hebben omgebouwd. Ze werken ook samen met plaatselijke restaurants en chefs om de band tussen craftbier en gastronomie nog meer aan te halen. Die commerciële relaties zien ze als echte partnerschappen, met een samenwerking die in twee richtingen werkt.

En een gelegenheid om hun bier ook buiten de eigen streek onder de aandacht te brengen, laten Antoine en Damien natuurlijk niet liggen, zoals in het Brusselse hotel waar ik binnen anderhalf uur mag gaan leveren. De tien vaatjes zijn met CO_2 verzadigd en kunnen de wagen in. Ik ben niet helemaal gerust wat het gewicht betreft, vooral omdat Antoine me laat weten dat ik ook nog een tapinstallatie en een grote fles CO_2 moet meenemen. Ik rijd niet met een bestelwagen, jongens! Maar als ik voorzichtig rijd, moet het wel lukken om in Brussel te raken zonder de ophanging van mijn wagen te beschadigen.

Terug thuis, na een succesvolle levering, bekijk ik een promofilmpje voor L'Empire. Het is opgenomen in de beste Franse filmtraditie, de voice-over met bariton inbegrepen. Het vertelt het verhaal van een groepje soldaten uit het leger van Napoleon dat verdwaald is ergens in de Borinage. De een na de ander zakt in elkaar door uitputting en dorst, tot de laatste, de leider te paard — meer precies *une jument* of een merrie — een fles L'Empire ziet. Hij fluistert met zijn laatste krachten: *'Ma jument pour une Empire'*, 'Mijn merrie voor een Empire'. En dan blijkt dit slechts een verhaaltje te zijn dat een tooghanger voor de zoveelste keer vertelt. Op café, ergens in de Borinage, *au mitan des terrils*, te midden van de talrijke mijnterrils die het beeld van de regio bepalen, een plek die ook aan Brasserie du Borinage haar identiteit geeft.

Alhoewel ik geen woord begrijp van het *patois* dat de personages en zelfs de voice-over spreken, is dit een grappig, creatief filmpje, met heel wat culturele verwijzingen en knipogen naar de reputatie van de Borinage, het plaatselijke caféleven in het bijzonder. Maar het is ook een professioneel gemaakt filmpje, met een interessante plot en visuele kwaliteiten. Het is geen gimmick, maar creatief werk van mannen met plannen die de sociale media even innig omarmen als de roerstok. Brasserie du Borinage gaat voor business in the front and party in the back.

BRASSERIE DU BORINAGE

—

BRASSERIEDUBORINAGE.BE
RUE DU CALVAIRE 21,
7300 BOUSSU

WAT VERSTAAN JULLIE ONDER 'CRAFTBIER' EN 'CRAFTBROUWEN'?

Damien and Antoine: 'Craftbrouwen is voor ons een manier om om te gaan met onze moderne maatschappij. We aanvaarden geen (of bijna geen) grenzen aan onze creativiteit en sluiten absoluut geen compromissen om te voldoen aan de vraag van de markt of de doorsneesmaak. Net als een chef-kok is een craftbrouwer een onbevangen tovenaar die van uiteenlopende ingrediënten het ultieme bier wil maken: een bier met een sterke persoonlijkheid en scherpe stijl dat anders durft te zijn en eist om anders te mogen zijn.'

DE SIGNATUURBIEREN VAN BRASSERIE DU BORINAGE

BORINER VICE
(5% ABV)

De naam van deze Berliner weisse is een woordspelletje met *Miami Vice*, de reputatie van de Borinage als een achtergestelde regio met een slechte smaak (ook een satirisch element op het etiket) en natuurlijk Berliner weisse. Het is een veelzijdig tarwebier dat verzuurd werd door middel van kettle souring.

De eerste indruk is de geur van tropisch fruit, maar er zijn ook toetsen van chardonnay. Je zou op basis van het aroma zelfs een zoet bier kunnen verwachten. Maar niets is minder waar. Op de tong domineert al meteen het melkzuur. Dat ruimt gaandeweg plaats voor bitterdere accenten, die de toon zetten in de afdronk. Schijn — aroma in dit geval — bedriegt.

RAYON DE SOLEIL
(6,2% ABV)

Deze rye saison of roggesaison is een blend van een jonge saison met eentje gerijpt op vat en 'besmet' met *Brettanomyces*. De ongemoute rogge werd geteeld op de ouderlijke boerderij van Antoine en door Antoine en Damien geoogst.

Het aroma is dat van groene appel en cider. Net onder de oppervlakte zit ook een beetje Brett die wacht om met de tijd een prominentere rol te gaan spelen. De aardse Brett-toetsen duiken ook op in de smaak, waar ze een triootje doen met de bitterheid van de hop en subtiele moutsmaken.

L'EMPIRE
(10% ABV)

L'Empire is een imperial lager, een heel sterk blond bier dat vergist is met een lagergiststam. Als mout werden pils, tarwe en spelt gebruikt — de ongemoute tarwe en spelt komen opnieuw van de Malingret-boerderij. Bij een uitgesproken moutig karakter verwacht je vanaf de eerste indruk een stevig bier, maar L'Empire vertoont toch veel gelijkenissen met lichtere lagers en pilsbieren. De kruidige hoptoetsen, bijvoorbeeld, en de afwezigheid van gistelementen als esters en fenolen. De eerste slok bevestigt die indruk: dit is een moutig, sterk parelend bier met een zachte hopbittere afdronk. Zoals een lager. Maar dan veel sterker. Een pils op steroïden. Een die gevaarlijk vlot drinkt.

De Duitsers zijn terug

GOSE

Vanaf de begindagen was het bij het craftbrouwen onder meer te doen om de heropleving van bierstijlen die de vergeetput waren ingeduwd door industriële lagers. Eerst werden de 19e-eeuwse Engelse bieren geherinterpreteerd, dan begonnen Amerikaanse craftbrouwers Belgische bieren te imiteren in plaats van ze te importeren. Recenter zijn het Duitse bierstijlen, de zure in het bijzonder, die craftbrouwers en hobbybrouwers wereldwijd aanzetten om nieuw territorium te ontdekken.

Die oude stijlen worden onder andere om de belangrijke rol die de gist speelt gewaardeerd. De hefeweizens bevatten een grote hoeveelheid tarwe, tot 50%, en hebben een aroma en smaak die rijk zijn aan esters, een bijproduct van de vergisting, wat bananen- en kruidnageltoetsen aan het bier geeft. Kölsch is dan weer een hybride van een ale en een lager, vergist met een bovengist maar koud gelagerd, wat het lichtalcoholische bier toch een uitgesproken karakter geeft.

De gose en Berliner weisse zijn ook lichte, doordrinkbare tarwebieren, maar historisch liggen ze dichter bij een Belgische lambiek en andere spontaan vergiste zure bieren. Vandaag halen de gose en de Berliner weisse hun zuur uit kettle souring, een techniek om het wort voor het koken te verzuren met *Lactobacillus*, en dat in 24 tot 48 uur, een pak sneller dan het langdurige proces van vatrijping.

Verrassende combinaties

Craftbrouwers zijn steeds op zoek naar nieuwe smaken en willen graag grenzen verleggen, soms door de extremen op te zoeken. Dat zijn twee redenen waarom de populariteit van kettle souring toeneemt, net als die van de Duitse zure bieren, die veel smaak bevatten voor weinig alcohol (tussen 3 en 5% ABV). Door hun aciditeit zijn deze bieren heel geschikt om te combineren met fruit. De Berliner weisse werd oorspronkelijk gezoet met vruchtensiroop, een onaantrekkelijk idee voor de meeste bierliefhebbers, maar wel een dat brouwers uit Florida inspireerde om te experimenteren met hun lokaal zoet, tropisch fruit. Vandaag noemen ze hun bier Florida weisse.

De zoute en zure kenmerken van een gose zijn op hun beurt de basis voor uiteenlopende interpretaties. Een voorbeeld is de chocoladegose, die zoet, zuur, zout en bitter is. Naast de typische snuf zout die tijdens het koken wordt toegevoegd, wordt deze gose ook nog eens gelagerd met gekneusde cacaobonen in de tank.

Kettle souring wordt ook toegepast om hoppige zure bieren te maken. Traditionele zure bieren kunnen niet hoppig zijn, om twee redenen. Ten eerste zijn de aroma's en de smaken van de hop al vervaagd tegen de tijd dat het bier kan gedronken worden. Ten tweede houdt verse hop ook de ontwikkeling tegen van *Lactobacillus* en *Pediococcus*, waardoor het bier niet snel genoeg kan verzuren om te bewaren. Een bier dat verzuurd werd met kettle souring is al zuur voor de hop aan het bier wordt toegevoegd tijdens het koken of bij het dryhoppen.

Aardbei-speltgose

Brouwen op een hete zomerdag is niet evident, maar bieren die je in de ketel wilt verzuren, zijn een uitzondering op die regel. *Lactobacillus* heeft het graag warm. De aanbevolen temperatuur om de bacteriën goed te doen kweken, ligt tussen 40–46 °C. Maar omdat dit voor een hobbybrouwer moeilijk 24 tot 48 uur vol te houden is (je hebt geen tijd om op je bier te babysitten), heb ik in dit recept een cultuur gebruikt die het goed doet bij (hogere) kamertemperaturen.

Spelt is een oude tarwevariëteit, met gelijkaardige kenmerken als tarwe, maar ook met enkele interessante eigenheden. Zo geeft spelt het bier een kruidige toets, wat in dit recept goed past.

VOOR
11 LITER
SPELTGOSE

MOUT: *1,3 kg pilsmout, 650 g tarwemout, 650 g speltmout*
Hop: 5 g Goldings
GIST: *WYEAST 5335 (Lactobacillus-blend), Wyeast 1007 (German ale yeast)*
EXTRA: *Iers mos, 7 g zeezout, 14 g gedroogde korianderzaadjes, 1 kg bevroren aardbeien*

MAISCHEN

— Doe 16 liter water in een ketel en maak de brewbag vast aan de handvatten van de ketel. Verwarm het water tot 65 °C.

80' —— Doe de geschrote mout in het water. De temperatuur zal zakken naar ongeveer 64 °C. Doorroer het beslag om klonters te vermijden. Houd 64 °C aan gedurende 60 minuten.

70' —— Pas de pH aan naar 5,4.

20' —— Warm het beslag op tot 72 °C (een graad per minuut is perfect) en houd deze temperatuur aan gedurende 10 minuten.

— Haal de brewbag uit de ketel en laat hem uitlekken. Je zou met 15 liter wort met een SG van 1040 moeten kunnen beginnen aan het koken.

KOKEN 1

— Kook het wort gedurende 5 minuten. Koel het dan af tot 45 °C en hevel het over naar een ketel die je volledig kunt afsluiten. Een glazen gistingsfles is ook goed.
— Verlaag met melkzuur de pH naar 4,5 en voeg dan de inhoud van een *smackpack* met WYEAST 5335 toe. Roer zachtjes door het wort. Laat dit 24 tot 48 uur staan, afhankelijk van hoe zuur je het bier wilt. Neem om de twaalf uur een sample om de pH te controleren: een pH rond 3,5 is gebruikelijk voor een gose. Je kunt ook proeven, maar slik het niet in. In deze fase, voordat het wort goed doorgekookt is en de gist andere organismen heeft weggedrumd, kan het nog altijd pathogenen bevatten.

KOKEN 2

100' —— Start het koken van het wort. (Weet dat de geur van verzuurde wort die gekookt wordt onaangenaam kan zijn. Dit betekent niet dat je bier verpest is.)

90' —— Kook gedurende 90 minuten.

60' —— Voeg 5 gram Goldings toe.

10' —— Voeg Iers mos toe, zeezout (7 gram) en de korianderzaadjes (14 gram).

00' —— Beëindig het koken.

GISTING

— Koel het wort af tot 25 °C.
— Meet het begin-SG van het wort. Je zou op 1055 moeten uitkomen.
— Hevel over naar de gistingsemmer en voeg de gist toe volgens de instructies op de verpakking. Doorroer het wort met een ontsmette lepel.
— Laat een week gisten rond 20 °C. Je eind-SG zou nu 1015 moeten zijn, ongeveer 5,2% ABV.

LAGEREN EN DRYHOPPEN

— Hevel het bier over naar de lageringsemmer.
— Voeg de bevroren aardbeien toe.
— Laat het één à twee weken lageren op een koelere plek. Hevel dan het bier over naar een andere lageringsemmer en laat nog ongeveer een maand rusten.

BOTTELEN EN RIJPING OP FLES

— Kook 70 gram suiker (7 gram per liter) in een klein beetje water. Laat het afkoelen tot 25 °C.
— Voeg de suiker toe en doorroer het bier voorzichtig met een ontsmette lepel.
— Maak het deksel dicht. Je kunt nu bottelen.
— Zet de flessen gedurende een week in een donkere, warme plaats voor de hergisting in de fles. Laat ze daarna nog een week rusten in een frissere ruimte, een kelder of een koelkast.

BROUWNOTITIES

— Voor de toevoeging van de aardbeien zijn er verschillende opties, afhankelijk van hoeveel aardbei je in je bier wilt:
  • Voor een subtiele aardbeismaak en weinig verkleuring: doe de aardbeien in een hopzakje.
  • Wellicht wil je graag een duidelijke aardbeismaak en een mooi roze bier. Plet de aardbeien dan lichtjes, doe ze los in het bier en roer ze er zachtjes door.
  • Als je het meer zoals de Florida weisse wilt doen, gebruik dan 2 kilo aardbeien, maak er een grove puree van met de aardappelstamper en roer goed door het bier. Wanneer je bottelt, doe dat dan rechtstreeks uit de lageringsemmer met gepureerde aardbeien. Het bottelen zal trager verlopen, maar je zult het smoothiegehalte van je bier verhogen.

'EEN CRAFT-BROUWER MOET BROUWEN OM TE VERRASSEN'

ATRIUM BRASSERIE ARTISANALE

The One — saison

Marche-en-Famenne is niet meteen de plek waar je een kosmopolitische brouwpub zou verwachten. Veel Belgen associëren het stadje in het hart van de Belgische Ardennen met de plotse dood van koning Albert I in 1934. Maar de populaire koning viel van een rots in... een ander Marche, Marche-les-Dames, nabij Namen. Om maar te zeggen dat deze gezellige maar onopvallende stad van om en bij 17.000 inwoners niet meteen veel culturele hoogtepunten of postkaartbeelden oproept in het geheugen van de niet-*Marchois*.

Wat de biercultuur betreft heb ik Marche-en-Famenne altijd in verband gebracht met traditionele Waalse bieren en het feit dat Rochefort niet al te ver is. Althans, dat was het geval tot eind 2018, toen Paula Yunes en Valéry De Breucker er in het centrum de deuren van Atrium brasserie artisanale openden, een brouwerij met een taproom, in de Rue des Brasseurs of Brouwerijstraat.

'Het was een grote verandering voor ons, want we kwamen van São Paulo met haar 20 miljoen inwoners. Maar we wisten meteen dat dit de plaats was waar we moesten zijn. Een gebouw dat we naar onze behoeften konden verbouwen, recht tegenover een hotel. En in de Rue des Brasseurs! De omstandigheden waren perfect', vertelt Valéry.

De locals bleken ook blij te zijn met de nieuwe brouwerij en de taproom. 'In het hotel kun je onze bieren in de bar en het restaurant krijgen, en ze zijn ook beschikbaar in de minibar op de kamers.' Ik heb de indruk dat de warme, gastvrije houding waarmee Valéry ons ontvangt ook een rol speelt in de vlotte samenwerking tussen Atrium en de andere ondernemers in de buurt. Voor we over bier beginnen te praten, neemt Valéry Nele en mij mee naar de bakker om de hoek, om croissants te halen — aan een brouwdag begin je beter met een volle maag, je weet namelijk nooit wanneer het brouwproces je een lunchpauze zal toestaan. Uit de gezellige, vertrouwde manier waarop de winkeldame bij de bakker met Valéry praat, zou je kunnen opmaken dat hij hier elke dag croissants koopt.

MILLIMETERWERK

'The One is onze interpretatie van een saison, met veel tarwe, een beetje koriander en een saisongist die we zelf opkweken. Het was het eerste bier dat Valéry en ik samen brouwden in Brazilië en het eerste dat we hier brouwden toen de brouwerij van start ging. We hebben het ook voor ons huwelijk gebrouwen. Verschillende redenen, dus, om het The One te noemen', vertelt Paula tijdens het ontbijt met croissants en een glas sinaasappelsap. Ze is enkele minuten geleden aangekomen en blijkt even extravert en gastvrij als Valéry.

'The One is ook het populairste bier in de taproom.' Valéry legt uit dat het een opstapje moet zijn voor de plaatselijke, traditionele bierliefhebbers om ook de andere, kosmopolitische bieren van Atrium, met een Amerikaans tintje, te leren kennen. Paula voegt eraan toe: 'We willen The One ook als een vertrekpunt gebruiken voor een reeks occasionele variaties die we The 1.2 of The 1.3 enzovoort zouden noemen. Onlangs hebben we twintig liter gebrouwen met kamille en een met rozenbottel. Die met rozenbottel zag er mooi roze uit.'

Gesterkt door de calorierijke croissants kunnen we met brouwen beginnen. Het water heeft de starttemperatuur bereikt en het mout is geschroot. Valéry brengt met een heftruck een container met geschrote mout tot bij de maischketel. Na wat millimeterwerk positioneert hij de container vlak bij de pijp waarlangs de mout de maischketel en het warme water in moet glijden. Het rijden met een hefwagen op zo'n kleine oppervlakte is een ambacht op zichzelf, dat Valéry duidelijk in de vingers heeft. 'Een kater is wel geen optie op een brouwdag', schreeuwt Valéry vanop de chauffeursstoel.

In die pijp wordt mout gemengd met water op de juiste starttemperatuur vlak voor het in de maischketel gestort wordt om oxidatie te vermijden. Valéry heeft ondertussen al de bodem van de filterkuip bedekt met rijstkaf om het wort nadien beter uit de draf te kunnen filteren. 'Met 20% tarwemout is filteren soms moeilijk. Door rijstkaf te gebruiken willen we op de bodem van de ketel een goed filterbed vormen. Omdat we alleen het kaf gebruiken, worden het aroma en de smaak er niet door beïnvloed.'

Vandaag stond Clémentine op de planning, een tarwebier met clementines, maar de gewenste gist is niet op tijd aangekomen uit de VS. Paula en Valéry willen een speciale giststam gebruiken die het typisch friszurige van een Belgisch witbier wat verzacht. In de plaats zullen ze vandaag een extra batch brouwen van hun best verkopende bier, The One.

BLIK IN DE TOEKOMST

Paula en Valéry doen alles samen bij Atrium: brouwen, administratie, de taproom openhouden... En ook nieuwsgierige bierauteurs vergasten.

Toen Paula en Valéry een eerste keer brouwden op de nieuwe installatie, stond het computerprogramma dat het proces aanstuurt nog niet helemaal op punt. In plaats van de gewenste maischtemperatuur van 62 °C liep de temperatuur in de maischketel meteen op naar 74 °C. De cruciale rustfase waarin het enzym beta-amylase het zetmeel omzet in vergistbare suikers, werd overgeslagen. Geen vergistbare suikers betekent geen alcohol en dus geen bier. Paula en Valéry moesten hun eerste 1000 liter weggieten.

Vandaag is de temperatuur perfect. Een mooie 62 °C, die nog een uur mag worden aangehouden.

'Terwijl het maischen bezig is, moeten Paula en ik opmetingen doen in onze taproom', zegt Valéry. 'We willen een bedrijf uit Luxemburg met een mobiele bliklijn laten komen om een van onze bieren op blik te trekken. We willen beginnen met 1000 liter en dan zien hoe onze klanten reageren.'

Hier in Marche-en-Famenne kennen ze wel iets van bier. De regio is rijk aan traditionele Belgische bieren, met onder andere twee trappistenbrouwerijen redelijk dichtbij. 'Maar de mensen hier hebben tijd nodig om de nieuwe stijlen te ontdekken en ze te leren waarderen. Dat is een van de redenen waarom we nog geen bier in blik hebben. Als de mensen over bier in blik horen, denken ze meteen aan Cara Pils.' Cara Pils is het budgetbier van een Belgische supermarktketen. Het is goedkoop en wordt verkocht in blik. Voor veel bierdrinkers is één plus één gelijk aan twee. Maar in dit geval schiet de wiskundige logica toch een beetje tekort.

'Blikjes zijn beter voor de kwaliteit en de shelf life van het bier, omdat er absoluut geen licht bij kan en het ook volledig is afgesloten van zuurstof', betoogt Paula vurig. 'Bovendien zijn blikjes, in tegenstelling tot wat veel mensen denken, ook ecologischer. Blik kan voor 100% gerecycleerd worden en zowel de financiële als de ecologische kost van die recyclage is lager.' Bierblikken lenen zich ook uitstekend voor artistieke bieretiketten.

Met brouwworkshops, bierproeflessen, tastings en concerten proberen Paula en Valéry de gemeenschap hier bij hun project te betrekken. Ze vinden dat belangrijk, net omdat ze allebei niet van hier zijn. Valéry groeide op in Anderlecht en begon de wereld rond te reizen nadat hij het gehad had met zijn eerste job. Hij verbleef een tijdje in Australië en trok in 2011 naar Brazilië. Daar ontmoette Valéry Paula.

Paula is geboren en getogen in São Paulo. Ze werkte daar voor een bierimporteur die gespecialiseerd is in Amerikaanse, Belgische en Japanse bieren. 'Ik moest bij haar een gesprek doen toen ik er voor een job solliciteerde', herinnert Valéry zich. Toen ze collega's waren, klikte het meteen en ze werden kort daarna een koppel.

Paula heeft een lange staat van dienst in de Braziliaanse bierwereld. Ze begon samen met een vriendin met een online biershop, werkte als brandmanager voor een middelgrote Braziliaanse brouwerij, is een gediplomeerd zytholoog en werkte dus ook voor een bierimporteur. Ze was ook de gastvrouw van een realityshow op een lokale zender over hobbybrouwers. *Cervejantes*, een Portugees neologisme dat je kunt vertalen als 'biermensen', was een tv-format met veel humor, lichtjes over the top, met in elke episode twee hobbybrouwers die de betere versie proberen te brouwen van een opgelegde bierstijl.

OP HET TANDVLEES

Na de leuke kant van bier en brouwen duikt plots de ernstige kant ervan op. Er klopt een man aan de deur. Het is een late vijftiger en hij draagt een strenge, gedateerde bril. Hij ziet eruit alsof hij spreadsheets leest bij het ontbijt en zijn rekenmachine meeneemt naar bed. 'Sorry, Jeroen, dat is de controleur van de accijnzen.' Valéry verontschuldigt zich. 'Hij komt een aantal samples ophalen van vorige batches. Het duurt maar een minuutje.'

'Is er een probleem?' vraag ik aan Valéry wanneer de controleur weg is. 'Neen. Het is de normale procedure. We hebben heel wat verhalen gehoord over de bureaucratie bij de accijnzen, maar wij hebben geluk gehad. We wilden kunnen brouwen in november 2018, zodat we onze bieren voor de feestperiode konden lanceren, wanneer iedereen op zoek is naar een cadeau. Maar we hadden nog geen vergunning. Een ambtenaar bij de accijnzen was heel begripvol en zorgde ervoor dat de vergunningsprocedure op tijd was afgerond. Mochten we die kans gemist hebben, dan zouden we een moeilijke start hebben gekend.'

Maar dat was dus niet het geval. De zaken gaan goed en Paula en Valéry hebben hun handen vol. Meer dan vol wellicht. 'We zaten de laatste weken wat op ons tandvlees. We deden alles met ons tweeën. Brouwen, de taproom openhouden, de grafische ontwikkeling van onze producten, administratie. En we wonen hiernaast, dus we zien altijd wel werk liggen. Het werd wat te veel. Toevallig organiseerde de lokale Kamer van Koophandel een lezing over een goede balans tussen werk en privé. Voor ons was dat de perfecte timing. We hebben na die lezing besloten om de taproom niet meer open te houden op donderdag.' En sinds kort heeft Atrium ook een werknemer.

Het plan om een brouwerij te beginnen ontstond vrij snel nadat Paula en Valéry elkaar leerden kennen. Maar de weg ernaartoe was niet altijd makkelijk. 'Toen we terug in België waren, volgden we brouwlessen. Ik werkte ondertussen bij brouwerij Fantôme in Soy, maar Paula had geen werk en we zaten soms krap bij kas. Om wat bij te verdienen brouwden we bieren op vraag bij mensen thuis. Het was een leuke manier om te experimenteren en onze brouwvaardigheden te verbeteren.'

Bier brouwen op vraag zou ook vandaag nog een economisch verstandige keuze zijn om de kleine brouwerij wat ademruimte te geven. 'Er is veel vraag van hobbybrouwers om hun recept bij ons te brouwen, maar dat willen we niet doen. We willen onze eigen bieren brouwen. De enige uitzondering zijn collabs.'

'We hebben onlangs een collab gedaan met Brasserie de la Sambre. Het resultaat is Sombra, een black IPA die we zullen voorstellen op het Zythos Beer Festival. Sombra draagt het stempel van beide brouwerijen. Wij houden van bieren waarin de mout een belangrijke rol speelt en Brasserie de la Sambre zet vooral in op hoppige bieren. Een black IPA is een goed huwelijk van beide.'

Atrium was in 2019 voor het eerst present op Zythos, het grootste Belgische bierfestival, en maakte er meteen indruk. Festivalgangers verkozen Atrium via de app Brewer Stage als tweede beste brouwerij en zowel Onyx als Onyx Amburana haalde de top 10 van beste bieren.

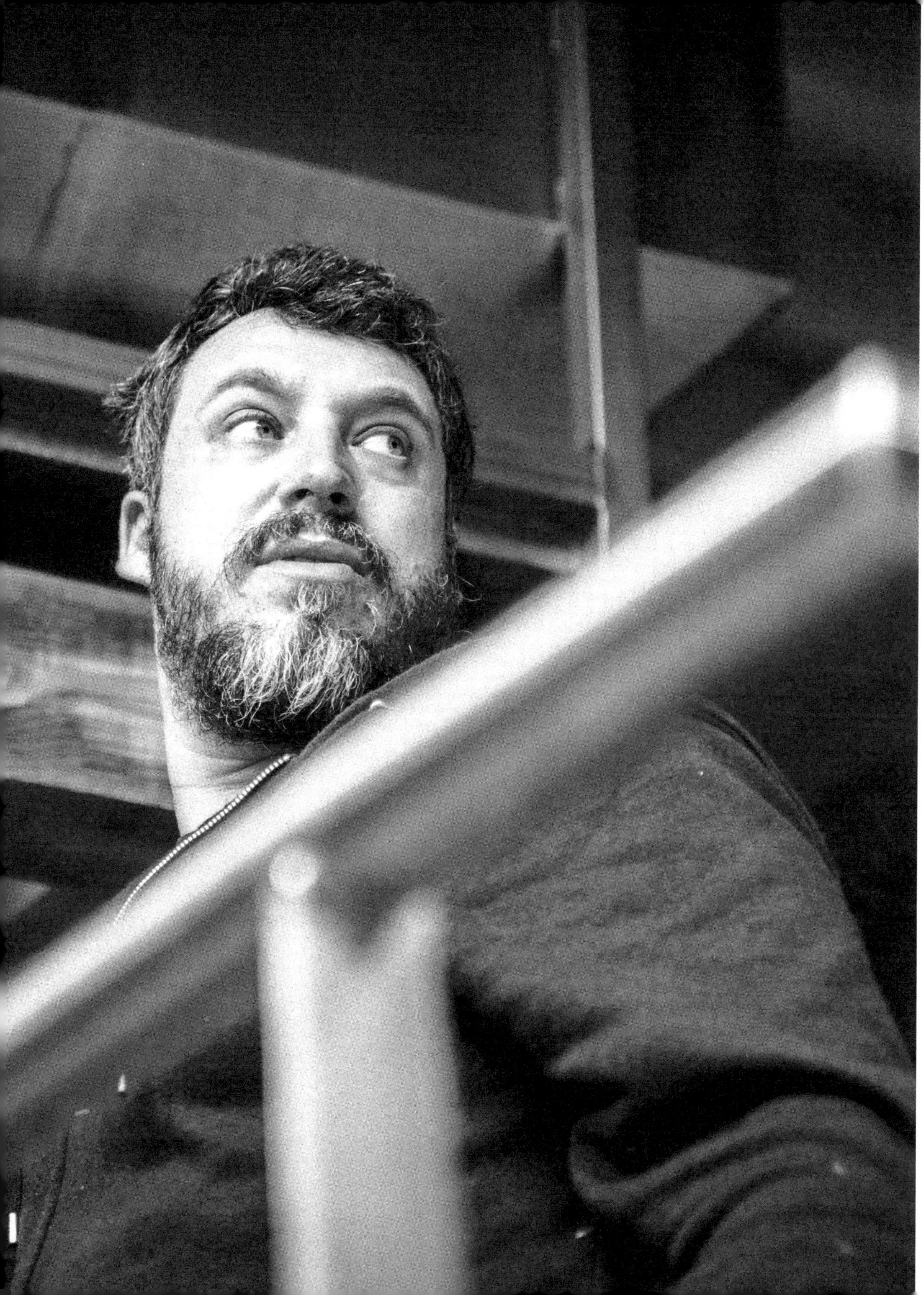

LE STOUT

Vandaag is de taproom gesloten, maar de rolpoort staat open en nu en dan passeert iemand die een blik naar binnen werpt. Jacques, een vaste klant op vrijdag die wild is van Onyx, de stout van Atrium, komt even op bezoek net als we een glaasje proeven van een vorige batch van The One, recht uit de gistingstank. Hij proeft graag mee. Er zweeft nog wat gist in het bier, wat het fruitig maakt. Het is niet makkelijk om in dit stadium al de smaak in te schatten van het bier dat uiteindelijk uit de fles zal worden geschonken, maar deze sample doet me denken aan een moutiger blond bier met een duidelijk tarweprofiel.

Dat zijn niet de typische kenmerken van een saison — wat die kenmerken ook mogen zijn bij een bierstijl die zo veelzijdig is als het gemoed van de brouwer en de beschikbaarheid van de ingrediënten — en ik ontwaar ze ook in het flesje The One dat we wat later op de middag delen. Dit is duidelijk een volmoutbier, met 6,5% ABV en een volle body, met kruidige en gistige toetsen, maar wat minder droog dan sommige bekendere saisons.

'Saisons zijn er in alle vormen en maten. Al mikken wij wel altijd op 6,5% ABV. Maar ik moet toegeven dat The One die we voor ons trouwfeest brouwden veel sterker was, zo'n 10% ABV. Nogal wat familieleden waren die avond behoorlijk dronken', vertelt Valéry met een glimlach.

Jacques vindt de saison ook lekker. Maar voor hem gaat niets boven Onyx. '*Le stout d'Atrium, c'est extra-ordinaire, quelque chose de fantastique.* Ik drink er elke vrijdag één. Soms twee, maar dat is een beetje gevaarlijk, want hij is zwaar.'

Nu de lokale klanten de vaste bieren van Atrium leren kennen, ontwikkelen ze ook duidelijke voorkeuren, zoals Jacques. Paula en Valéry willen hen helpen om te ontdekken wat ze lekker vinden in een bier en wat niet. Want met een ruim aanbod, zelfs met een vaste set van 'maar' negen bieren, is er iets voor elke smaak. 'Maar ik houd er niet van als vrouwen vragen naar een vrouwenbier. En die vraag wordt vaak gesteld.' Paula windt zich een klein beetje op: 'Ik begrijp dat niet goed. Mannen en vrouwen eten hetzelfde voedsel, drinken dezelfde wijn, maar als het over bier gaat, denken ze plots in aparte categorieën.' Paula lijkt me prima geplaatst om dat cliché de wereld uit te helpen, te beginnen in Marche-en-Famenne.

KOSMOPOLITISCHE AANPAK

Terwijl Paula en ik met Jacques praten, rondt Valéry het filterproces af. Als alle wort naar de brouwketel overgepompt is, kunnen we de draf uit de maischketel verwijderen. Maar eerst toont Paula me de clementines die Clémentine een extra smaaklaag moeten geven. Paula en Valéry gebruiken alleen de zeste van de clementine, zonder het wit, om een scherpe bitterheid te vermijden.

Ik heb Clémentine thuis al geproefd en vond de clementinetoets subtiel. Je proeft de clementines niet echt, maar de infusie geeft wel een mooie complexiteit aan het bier, dat doet denken aan zowel een Belgisch witbier als een Duitse hefeweizen.

De maischketel leegmaken ging best makkelijk. Het roerwerk deed het meeste werk, waardoor we tijd zat hadden om te babbelen. Over brouwen vooral, want daarvoor was ik hier natuurlijk. Maar ook over in België wonen, het wennen aan onze levensstijl en de verschillen tussen België en Brazilië. Verschillen in ons voordeel — België en Marche-en-Famenne in het bijzonder zijn een pak veiliger dan São Paulo — en in ons nadeel — het leven is hier minder zonnig, zowel figuurlijk als letterlijk. De eerste winter had Paula het ongelooflijk koud, zelfs binnen in huis. Valéry herinnert zich hoe ze de thermostaat altijd maar hoger zette, tot hij het niet meer uithield in de hitte.

Valéry brengt met een heftruck een container met geschrote mout tot bij de maischketel: millimeterwerk, zoals je kunt zien. En geen goed idee na een avondje doorzakken.

De Braziliaanse tropische weersomstandig-heden naar hier verhuizen is onmogelijk, maar Paula en Valéry hebben op een andere manier toch een beetje Brazilië naar België gebracht. De inrichting van de taproom, onder andere de stijl van de tafels en stoelen, knipoogt naar de Braziliaanse *boteco*, een volks café waar alcoholische dranken en snacks worden geserveerd. Carya, een bruin bier (een zogenoemde brown ale) vergelijkbaar met een Belgische dubbel, kreeg een Amerikaanse twist door de toevoeging van pecannoten. En dan zijn er nog de bieren die gerijpt worden in vaten van Braziliaanse houtsoorten als amburana en balsam.

Om die vaten tijdens de reis vochtig te houden werd er een beetje cachaça, een Braziliaanse gedistilleerde drank, in gegoten. Het was niet nodig dat bij de douane aan te geven, want toen de vaten hier aankwamen, was de cachaça al verdampt. Maar het hout geeft nog altijd rijkelijk de smaak van cachaça vrij. In een van die vaten, gemaakt van amburana, zit Onyx. Deze complexe imperial stout wordt op die manier een nog complexer bier.

Het wort van The One is gekookt en gekoeld en terwijl het naar de gistingstank wordt gepompt, kunnen wij de dag afsluiten met een late lunch. Belegde broodjes van bij de bakker om de hoek. Valéry koopt er dus toch niet alleen croissants.

In plaats van met een kopje koffie sluiten we de lunch af met twee proefglaasjes met Onyx. Eentje is gevuld met Onyx uit een fles, het ander met Onyx uit het amburanavat. Wat ik proef uit het vat moet nog geblend worden met ongerijpte Onyx, maar het is nu al duidelijk dat het hout een toets van kaneel aan het bier geeft, een nieuw element in het al rijke palet van aroma's en smaken van Onyx, en een uiting van de kosmopolitische benadering van Atrium.

Wanneer ik van Marche-en-Famenne naar huis rijd, zoemt deze brouwdag nog na in mijn hoofd. Heel kort beleef ik de illusie dat ik vandaag een kleine wereldreis heb gemaakt.

WAT VERSTA JIJ ONDER 'CRAFTBIER' EN 'CRAFTBROUWEN'?

Paula: 'Voor ons betekent craftbrouwen dat je de ingrediënten voor het bier met liefde kiest, om het bier te brouwen dat je graag wilt brouwen, en dat je niet kiest met het oog op de winst die je kunt maken. Een craftbrouwer moet brouwen om te verrassen. En om dat te kunnen moet hij of zij met liefde en passie brouwen. Onyx is een duur bier om te maken, een volmoutstout met achttien verschillende moutsoorten en granen. Het is ook een moeilijk bier om te maken, veeleisend voor de maischketel door het heel dikke, zware beslag en de techniek van het high gravity-brouwen. Maar we houden van dit bier en dus blijven we het brouwen. We gaan niet voor minder.'

ATRIUM BRASSERIE ARTISANALE

—

WWW.BRASSERIEATRIUM.BE
RUE DES BRASSEURS 9,
6900 MARCHE-EN-FAMENNE

DE SIGNATUURBIEREN VAN ATRIUM BRASSERIE ARTISANALE

Atrium opende de deuren eind 2018 en startte meteen met zes vaste bieren: The One (saison), Clémentine (tarwebier), Pam! (pale ale), Avalanche (IPA), Carya (brown ale) en Onyx (imperial stout). Na een paar maanden voegden ze daar nog drie bieren aan toe: Chihuahua (session IPA), Sombra (black IPA, een collab met Brasserie de la Sambre) en Onyx Amburana (vatgerijpte imperial stout).

Alle bieren zijn volmoutbieren, waaraan geen suiker werd toegevoegd om meer alcohol en doordrinkbaarheid te verkrijgen. Atrium gebruikt verse ingrediënten en de kosmopolitische aanpak weerspiegelt de achtergrond van de brouwers. Alhoewel Paula en Valéry benadrukken dat al hun bieren ze na aan het hart liggen, kozen ze voor de pale ale, de IPA en de imperial stout als signatuurbieren.

 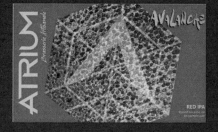 

PAM!
(5,9% ABV)

Deze pale ale is een goed voorbeeld van hoe uiteenlopende brouwinvloeden samenkomen in één bier. Voor Pam! gebruiken Paula en Valéry Engelse mout, Amerikaanse hop en een Belgische abdijgist, wat ongewoon is voor de stijl. Het is een manier om deze pale ale — ze noemen hem zelf een pale ale Marchoise — een toets te geven die herkenbaar is voor de inwoners van Marche-en-Famenne. Pam! heeft een koperkleur en een witte schuimkraag. Het aroma bevat citrustoetsen, maar is vooral floraal met duidelijke harsaccenten. In de mond begint Pam! met een subtiel citruszuurtje, gevolgd door een kruidig, floraal en harsachtig palet en een bittere afdronk.

AVALANCHE
(6,8 % ABV)

In deze zogenoemde red IPA mag je een 'lawine' van hopsmaken verwachten, het resultaat van verschillende hopgiften op verschillende momenten tijdens het kookproces en van dryhopping tijdens de eerste en de tweede vergisting.

Dit amberkleurige bier met rode tinten heeft een kraag van gebroken wit en is rijk aan aroma's van pompelmoes, steenvruchten en ananas tegen een florale achtergrond.

Ik proef eerst een beetje zoete mout, die wordt aangevuld met een uitgesproken, langgerekte bitterheid van de hop. Avalanche brengt zo een stukje Amerikaanse westkust naar de Belgische Ardennen.

ONYX
(11% ABV)

Onyx is gitzwart en dankt zijn naam aan het gelijknamige kostbare zwarte mineraal uit de kwartsfamilie. Naast vijftien verschillende soorten mout en graan bevat dit rijke, complexe en stevige bier ook sinaasschil, vanille en cacao.

Het aroma wordt gekleurd door toetsen van onder andere vanille, chocolade en koffie. Op de tong begint Onyx met een zoete knal, die geleidelijk aan plaats ruimt voor bitterdere, geroosterde smaken. En dan onthult de sterkte van Onyx zich ten volle in een warme gloed die crescendo gaat. Als Paula ooit nog eens last heeft van de Belgische kou, dan zal ze wellicht Onyx drinken in plaats van de thermostaat hoger te zetten.

Eerlijk, volmoutig en zonder shortcuts

CRAFTPILS

Pilsbieren en lagers zijn zonder twijfel de populairste bieren ter wereld. Maar ze hebben een slechte reputatie: saai, slap en vol kostenbesparende adjuncts. En toch speelden ze een belangrijke rol in de craftbierrevolutie.

De bierstijl 'heruitvinden' die 'de industriële vijand' groot had gemaakt, was wellicht de beste manier om te tonen waar craftbrouwen om draait: eerlijke, smaakvolle volmoutbieren maken zonder shortcut naar het eindresultaat. Het was wat veel Amerikaanse craftbrouwers deden, met Brooklyn Lager en Boston Lager als bekende voorbeelden.

Het klinkt alsof een lager (of een pils, een substijl die zijn naam te danken heeft aan zijn afkomst uit de Tsjechische stad Pilsen) ook het perfecte bier is voor de hobbybrouwer. Maar dat zijn ze niet echt... Lagers mogen dan wel 'gewone', heel directe bieren zijn, toch zijn ze niet makkelijk te brouwen. Vooral bij het deel van het werk dat de gist en de tijd uitvoeren, schuilt het gevaar om de hoek.

De meeste lagergisten zijn fragiele 'wezens'. Ze vragen om een lagere en preciezere temperatuur om te doen waar ze goed in zijn: het wort traag en clean vergisten, zonder bijsmaken aan te maken, waardoor een subtiel moutkarakter en een nobel hoppalet mooi tot hun recht komen in een verfrissend, kristalhelder bier. Kamertemperatuur werkt prima voor de meeste giststammen, maar is een probleem voor lagergisten. Vergisten met een lagergist bij een te hoge temperatuur is de beste manier om ongewenste esters maar vooral *off-flavours* als diacetyl (een botersmaak) aan te maken. En dat wil je dus niet.

Frigide Marie

De perfecte vergistingstemperatuur voor lagers ligt tussen 8 en 12 °C (sommige lagergisten verdragen zelfs temperaturen tot 15 °C). Dat is lager dan kamertemperatuur en hoger dan de temperatuur in je koelkast. Heb jij een koelkast thuis die je perfect kunt instellen op de gewenste temperatuur? Nee? Een kelder met een constante temperatuur? Nope? Ik ook niet. Je kunt natuurlijk wachten en brouwen tijdens de winter zoals in de goede oude tijd. Of misschien kun je een Beierse Alpengrot op de kop tikken.

Een aangepaste koelkast is ook een oplossing, maar een dure, of je hebt technische vaardigheden nodig die ik niet bezit. Ik vond uiteindelijk de oplossing in mijn badkuip. En in de diepvries, die ik volstouwde met petflessen met kraanwater waarmee ik de temperatuur

van het water rond mijn gistingsemmer probeerde te regelen. Het was het spiegelbeeld van de bain-marie, een frigide versie van Marie in haar bad.

Om de temperatuur rond 10 °C te houden, vul je je badkuip met 30 centimeter water. Zet de gistingsemmer in het bad en leg er de flessen met bevroren water omheen. Meet goed de temperatuur. Door flessen toe te voegen of weg te halen zou je de temperatuur van het water tussen 8 en 12 °C moeten kunnen krijgen. Wanneer de temperatuur begint te stijgen, vervang je enkele flessen door nieuwe, recht uit de diepvries.

Dit is natuurlijk geen perfecte methode, en nogal arbeidsintensief. Bovendien zou ik niet aanraden om een pils te brouwen op hete zomerdagen — drink er dan eentje. Deze badkuipmethode helpt je wel om de temperatuur een beetje binnen de gewenste marge te houden.

Rye session pilsner

Waarom rogge in een pils? Vooral omdat rogge meer complexiteit en body geeft, en ook verfrissende kwaliteiten heeft. Precies wat we nodig hebben om in deze sessionpils het mindere aandeel van alcohol wat te compenseren.

VOOR
11 LITER
PILSNER

MOUT: *1,8 kg pilsmout, 150 g roggemout, 150 g havervlokken*
GIST: *lagergist (SafLager S-23, W34/70, Lager M76 of M84)*
HOP: *14 g Challenger, 15 g Hallertau Perle en 45 g Saaz*
EXTRA: *Iers mos*

MAISCHEN

— Doe 16 liter water in een ketel en maak de brewbag vast aan de handvatten van de ketel. Verwarm het water tot 64 °C.

90' —— Doe de geschrote mout in het water. De temperatuur zal zakken naar ongeveer 63 °C. Doorroer het beslag om klonters te vermijden. Houd 63 °C aan gedurende 60 minuten.

80' —— Pas de pH aan naar 5,4.

30' —— Warm het beslag op tot 72 °C (een graad per minuut is perfect) en houd deze temperatuur aan gedurende 20 minuten.

— Haal de brewbag uit de ketel en laat hem uitlekken. Je zou met 15 liter wort met een SG van 1030 moeten kunnen beginnen aan het koken.

KOKEN

70' —— Start het koken van het wort. Pas de pH aan naar 5,2 vlak voor het wort begint te koken.

60' —— Kook gedurende 60 minuten. Voeg Challenger toe (14 gram).

45' —— Voeg Hallertau Perle (5 gram) en Saaz (5 gram) toe.

30' —— Voeg Hallertau Perle (5 gram) en Saaz (5 gram) toe.

15' —— Voeg Hallertau Perle (5 gram) en Saaz (5 gram) toe.

10' —— Voeg Iers mos toe.

00' —— Voeg Saaz (30 gram) toe en beëindig het koken.

GISTING

- Koel het wort af tot 25 °C.
- Meet het begin-SG van het wort.
  Je zou op 1041 moeten uitkomen.
- Hevel over naar de gistingsemmer.
- Strooi de droge gist over het wort.
- Laat een week gisten bij 12 °C.
- Laat na een week de temperatuur stijgen
  tot 16 °C en houd die temperatuur nog
  twee weken aan.
- Je eind-SG zou nu 1010 moeten zijn,
  ongeveer 4% ABV.

LAGEREN

- Hevel het bier over naar de
  lageringsemmer.
- Hevel het sediment niet over: voor een
  pils is dat nog belangrijker dan voor
  andere bieren. Je bent beter een liter kwijt
  dan dat je pils te troebel is.
- Lageren is het sleutelelement om een
  goede pils te maken. De naam van de
  overkoepelende bierstijl (pils is een
  soort lager) is niet zonder reden afgeleid
  van het Duitse *lagern*, wat aanvankelijk
  'opbergen' betekende en vandaag als
  'rijpen' vertaald kan worden.

BOTTELEN EN RIJPING OP FLES

- Kook 80 gram suiker (8 gram per liter) in
  een klein beetje water. Laat het afkoelen
  tot 25 °C.
- Voeg de suiker toe en doorroer het bier
  voorzichtig met een ontsmette lepel.
- Maak het deksel dicht. Je kunt nu
  bottelen.
- Zet de flessen gedurende (minstens)
  een week in een donkere, warme plaats
  voor de hergisting in de fles. Laat ze
  daarna een tijd rusten in een koelkast.
  Geduld is een schone deugd voor dit bier.
  Het wordt beter wanneer het een tijdje
  'gelagerd' wordt. Wacht een maand of
  twee voor je een flesje kraakt.

BROUWNOTITIES

- Als je dit bier tijdens de zomer wilt
  brouwen, zal de truc met de badkuip
  niet betrouwbaar genoeg zijn, of te
  arbeidsintensief en energievretend. Wil
  je toch koppig dat bier brouwen met
  lagergist, durf hem dan helemaal uit zijn
  dak te laten gaan en noem het resultaat
  steam beer, naar de historische lager die
  geen lager was uit San Francisco.
- Of probeer het recept met een cleane
  bovengist, zoals US-05, en maak een
  'fake' pils, met een clean gistprofiel,
  een subtiel moutkarakter, kruidige
  hoptoetsen en een droge finish.
- Of brouw gewoon toch maar een ander
  bier, met een gist die wel bestand is tegen
  meer zomerse temperaturen.

'WE MAKEN GEWOON PLEZIER'

Lanterne — pale ale Gedryhopte en op vat gerijpte saison met Romanella

L'ERMITAGE NANO-BRASSERIE

'Hallo, ik ben Armando.' Armando? Ik heb de drie brouwers van L'Ermitage Nanobrasserie nog nooit ontmoet, we communiceerden tot nu toe alleen via e-mail, maar ik ben er vrij zeker van dat geen van hen Armando heet. En ik doe altijd mijn huiswerk.

Ik stel mezelf voor aan Armando en groet ook zijn collega-brouwer, die de binnenkant van de maischketel aan het inspecteren is. Wanneer hij zijn hoofd optilt, begroet hij me met: 'Ah, jij bent hier voor het boek. Hi, ik ben Henri Bensaria.' Die naam klinkt me wel bekend in de oren. 'En dit hier is Armando Romito van Maestri del Sannio. Hij komt uit de regio rond Napels en we doen een collab vandaag. Maar nu zijn we nog volop bezig met een batch van Lanterne.'

Ik herken Henri. Ik zag een filmpje op YouTube uit 2017 waarin hij de pas geopende nieuwe stadsbrouwerij in Anderlecht voorstelt. Ze bevindt zich op wandelafstand van het station Brussel-Zuid. En om de hoek zit Cantillon, een van de internationaal meest gewaardeerde Belgische brouwerijen. Van Cantillon-brouwer Jean Van Roy wordt gezegd dat hij zijn werkweek op vrijdagavond afsluit in de taproom van L'Ermitage. Het is een mooi symbool van hoe het er in de Belgische bierwereld aan toe kan gaan: een bierinstituut en een nieuwkomer, een brouwerij die de traditie belichaamt en een brouwerij van de nieuwe lichting, zij aan zij.

Nele en ik zijn met de trein gekomen en dan te voet van het station naar hier. Nele mankend en leunend op één kruk, het gevolg van een kniekwetsuur die ze opliep bij het skiën, en ik met een zak met rubberen laarzen in de hand. Alles beter dan het Brusselse verkeer te moeten trotseren. De korte wandeling van het Zuidstation naar deze wijk in Anderlecht loopt trouwens door een levendig en boeiend stukje van de stad.

L'Ermitage Nanobrasserie heeft onderdak gevonden in een oude sigarettenfabriek, een gebouw dat voor kort uit ateliers voor artiesten bestond en opgebouwd is uit een verzameling van kleinere en grotere ruimtes. Een deel van het gebouw is de brouwzaal geworden, met ook de bottellijn. Een andere deel is nu de taproom, gedecoreerd met muurschilderingen en DIY-meubilair gemaakt van osb-platen en oude pallets. Ze ademt de grootstedelijke sfeer uit die terugkomt in alles wat de mannen van L'Ermitage doen.

NIET DE MAKKELIJKSTE WEG

We hebben ondertussen gezelschap gekregen van brouwer Nacim Menu. Hij leidt Nele en mij naar de taproom, voor een kop koffie en een inleidende babbel over de brouwerij en deze brouwdag.

Het brouwverhaal van Nacim Menu, Henri Bensaria en François Simon, drie echte *Brusseleirs*, begint wanneer ze een huis delen in de Rue de l'Ermitage in Elsene. Ze hebben alle drie een eerder artistieke, culturele opleiding gevolgd. Nacim heeft een diploma als filmregisseur, Henri studeerde arabistiek en François reclame. Ze deelden ook een passie voor bier, die ertoe leidde dat ze in 2013 aan het hobbybrouwen gingen. Die hobby liep al snel uit de hand. Ze begonnen te spelen met uiteenlopende bierstijlen en sleutelden aan eigen recepten. In 2013 deden ze dat nog in hun keuken, maar ze verhuisden niet veel later naar de kelder om batches van 100 liter te kunnen brouwen. Het plan om van brouwen ook een beroep te maken, begon wortel te schieten.

De stijlen die ze zelf lekker vonden toen ze begonnen, zijn de stijlen die ze vandaag nog steeds brouwen: overwegend populaire Amerikaanse craftstijlen, maar dan in een eigen versie. Nacim, Henri en François verkiezen doordrinkbare bieren met niet al te veel alcohol, hoppig en met een evenwichtige smaak. Hun artistieke en grootstedelijke achtergrond is ook zichtbaar op de bieretiketten, die ontworpen en getekend zijn door hun vriend Krump, in een postmoderne grafische stijl gebaseerd op oude tarotkaarten uit Marseille. Op de etiketten staat vaak de kluizenaar (*l'ermite*) die verwijst naar de naam van de brouwerij, waarvan het prille begin zich in Rue de l'Ermitage afspeelde. Ook de brouwers figureren af en toe op de etiketten.

Dat komt me toch heel anders over dan de landelijke, wat archaïsche benadering die Armando Romito met zijn project Maestri del Sannio voorstaat. Hoewel L'Ermitage eerder al saisons heeft gemaakt en recent een saisonproject heeft opgestart, zou ik ze als buitenstaander niet meteen linken aan de Belgische traditie of aan een biologische aanpak met vergeten ingrediënten. Maar dat blijkt een verkeerde indruk.

Een tijdje geleden verbleef Henri een week in Cerreto Sannita, de thuisstad van Armando in Campanië, op ongeveer een uur rijden van Napels. Hij en Armando brouwden er samen, en Armando gidste Henri door de regio, inclusief toeristenhotspots als Rome. De Eeuwige Stad 'nodigde hen uit' om er een nachtje door te brengen. Dat leverde de nodige inspiratie op voor de naam van hun collabbier: Cuvée Henri Street Sleeper, een gedryhopte en op vat gerijpte saison. Het etiket op de fles is een collage van foto's, waarvan eentje met Henri die slaapt in een Romeinse straat. Boven zijn hoofd zweeft de slogan *'Wherever life may lead you'*.

Hoe meer ik deze mannen bezig zie, hoe meer het me begint te dagen dat het die slogan is die hen verbindt. In het geval van Nacim, Henri en François betekent hij dat ze op een nieuwe passie botsten en beslisten om er helemaal voor te gaan, ondanks een gebrek aan expertise door scholing en ondanks het grote financiële risico dat ze moesten nemen. Nacim: 'We begonnen van nul, zonder professionele achtergrond of geld. Dat is zelden een *winning combination*.' Dat is een van de redenen waarom ze eerst begonnen te brouwen bij Brasserie de Bastogne (tegenwoordig Brasserie Minne), terwijl ze een financieel plan uitwerkten en bij verschillende banken aanklopten voor een lening. In 2017 brouwden ze hier voor de eerste keer.

Het minste wat je kunt zeggen, is dat de drie oprichters van L'Ermitage niet bang zijn om risico's te nemen. Ook de weg die Armando bewandelt, is niet de makkelijkste. Met Maestri del Sannio maakt hij gepassioneerd bieren met Romanella, een oude tarwesoort uit Campanië. Het is moeilijk om dergelijke oude tarwesoorten te verkrijgen, zelfs in de thuisregio van Armando. Slechts een handvol plaatselijke bioboeren teelt ze nog. En die soorten zijn ook niet gemodificeerd om mee te brouwen, zoals de meeste mout. Brouwen met Romanella is dus arbeidsintensief. Er kunnen bijvoorbeeld problemen opduiken tijdens het brouwproces. Ook liggen de kosten hoger. Maar daar maakt geen van deze jongens zich vandaag zorgen over — dat is zelden het geval bij een collab, waar de ervaring het hoofddoel is.

DE MILJONAIR, DE KROKODIL EN DE KEIZER

Vandaag staan er drie brouwsessies op de planning: een keer Lanterne, de pale ale van L'Ermitage, en twee batches van de collabsaison met Romanella. De andere ingrediënten zijn pilsmout, spelt en havervlokken. Er zal alleen wat bitterhop vroeg tijdens het koken worden toegevoegd. Na de vergisting met een fruitige saisongist — een stam die toepasselijk Fruit Bomb Saison wordt genoemd — zal het bier rijpen in vaten waar eerder rode wijn in heeft gerijpt en dan worden gedryhopt.

Armando wilde graag ook nog durumtarwe meebrengen, maar die lading ging onderweg verloren. 'De durum zijn we kwijt, maar gelukkig kwam de Romanella wel terecht. Die heeft het ondertussen al twee keer op het nippertje gered: deze week tijdens het transport naar Brussel en, belangrijker, ze ontsnapte ook aan het uitsterven als graansoort.'

Henri is net klaar met het overpompen van de batch Lanterne naar de brouwketel en Nacim heeft de maischketel geleegd en uitgespoeld. Hij vult hem nu met water voor de volgende batch. Aan de andere kant van de brouwzaal is Nicolas, de enige werknemer bij L'Ermitage, een van de gistingstanks aan het reinigen. Het water stroomt uit de kleppen, over de vloer naar de afvoergeul. Ik wil mezelf nuttig maken en ga duchtig met de trekker aan de slag, maar Nicolas zegt me dat ik beter kan wachten omdat er nog veel meer water zal volgen en mijn trekwerk een maat voor niets is.

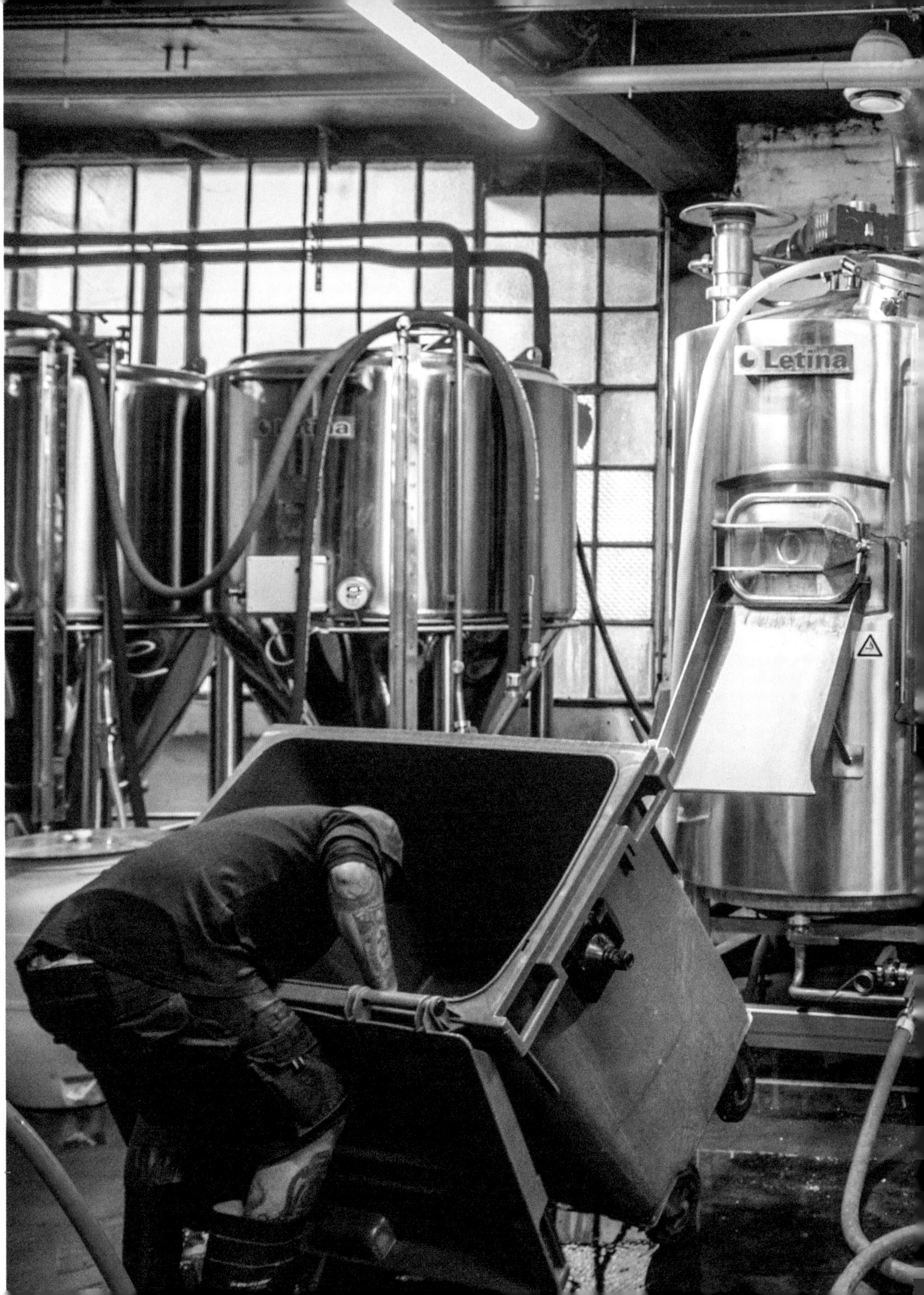
Letina

Het is bijna 11 uur en tijd om aan de eerste batch van de saison te beginnen. Plezier beleven en nieuwe dingen leren mogen dan wel de kern zijn van een collab, efficiëntie is troef bij L'Ermitage. Een brouwerij runnen houdt meer in dan bier brouwen, en in kleine brouwerijen moet de brouwer een manusje-van-alles zijn. Daarom bestaat de weekplanning van L'Ermitage maar uit twee brouwdagen, waarop ze telkens drie batches van 800 liter brouwen. Geen seconde gaat verloren. Of toch? Mogen we een korte 'koffiepauze' met een eigen bier dat geproefd en gekeurd moet worden tijdverlies noemen?

Henri brengt ons een proefglaasje met een koffiestout die eenvoudigweg Coffee Stout heet. Het is een eenmalig bier, gebaseerd op het recept van een stagiair en het vierde bier uit Laboratoire d'Alchimie, een reeks waarmee de drie brouwers hun eigen grenzen aftasten. Terwijl ik aan het bier ruik en ervan proef, doorlopen Nacim, Henri en Armando het brouwschema — François heeft een halve dag vrij en zal pas rond de middag aansluiten voor de volgende batch.

Armando legt me uit dat oude tarwesoorten als Romanella meer eiwitten bevatten. 'We beginnen daarom met een eiwitrust tussen 52 en 57 °C om de grote eiwitten op te breken in kleinere. Dat helpt het wort te filteren en maakt het bier minder troebel.'

Coffee Stout-pauze. Bezwaarlijk tijdverlies te noemen.

Terwijl Armando Nacim helpt om de geschrote granen (gemoute en ongemoute) in de maischketel te gieten, kijk ik even rond in de brouwzaal. Ik zie een nieuw bier van de bottellijn lopen. Ik herken het als een bier van L'Ermitage door de kenmerkende Krump-etiketten. Het is een double IPA die Suske le Millionaire heet, met cryohop (gevriesdroogd aromatisch hoppoeder) en puree van passievrucht. Het is een 'verjaardagsbier', legt François me in de namiddag uit, zich niet bewust van het feit dat ik 'zijn' verjaardagsbier heb zien bottelen toen hij er nog niet was.

François — Suske in het Brussels dialect — schreef het recept voor dit bier. Nacim en Henri bedachten de naam, het idee voor het etiket en zullen het onthullen op een publiek event in de taproom van L'Ermitage op de verjaardag van François. Voor de verjaardag van Nacim en Henri gebeurde eerder al hetzelfde. Het verjaardagsbier van Henri was een cream ale met de naam Crocodile Henri. Dat van Nacim was een pale ale die Nacimilien d'Autriche heette, een knipoog naar Maximiliaan van Oostenrijk, een van de heersers uit het Bourgondisch-Habsburgse geslacht en keizer van het Heilige Roomse Rijk, die zijn machtszetel rond 1500 in Brussel had. De woordspelletjes in de biernamen illustreren hoe deze mannen proberen om het zakelijke niet in de weg te laten komen van hun vriendschap. 'On s'amuse', klinkt het uit de mond van François. 'We maken gewoon plezier'.

Eeuwige speelvogels, ja, maar dat sluit hard werken niet uit. Nacim en Henri zijn bezige bijen. En wanneer François hen vervoegt, blijkt hij uit hetzelfde hout gesneden. De drie komen en gaan, bijna op het ritme van de punkrock die uit een boombox in de hoek van de brouwzaal schalt. Het komt wat ongestructureerd over, maar bij elke fase van het brouwproces daagt altijd wel een van de brouwers op, schijnbaar uit het niets maar wel mooi op tijd. Ze weten alle drie wanneer ze welke taak moeten opnemen en af en toe steken ze de koppen bij elkaar om te overleggen.

159

TEA TIME MET BIER EN OREGANO

Bij collabs neemt de gastheer altijd de leiding. En omdat er in dit geval drie brouwers zijn die thuis spelen, heeft Armando (en ik ook, voor wat het waard is) niet zoveel om handen. Hij heeft dus tijd om te doen waar Italianen in uitblinken, zelfs brouwende Italianen: pizza maken. Hij neemt me mee naar de open keuken in de taproom en haalt er een keukendoek van een bakschaal. Die is gevuld met pizzadeeg dat heerlijk ruikt naar bakkersgist. 'Ik heb dit deeg gisteravond gemaakt. Het is perfect nu. Weet je, het is best grappig dat ik gisteren voor het eerst in mijn leven olijfolie heb gekocht. En passata. Mijn vader maakt zelf olijfolie en passata. Maar ik vergat wel oregano. Thuis heb ik altijd verse oregano staan.'

Omdat ik op dit moment toch alleen maar kan toekijken en ik weer snak naar een wat actievere rol, stel ik aan Armando voor om oregano te gaan kopen bij een kruidenier in de buurt. Hij reageert enthousiast op mijn voorstel. 'Geen goede *pizza marinara* zonder oregano', zegt hij gesticulerend. Armando legt me het belang uit van oregano voor een authentieke Napolitaanse pizza als de marinara, die excelleert in eenvoud met als enige ingrediënten pizzadeeg, marinarasaus, look, oregano en olijfolie. Een beperkt aantal ingrediënten voor een maximum aan smaak. Dat klinkt sterk als de bieren die hij en de mannen van L'Ermitage graag brouwen.

Wanneer ik terug ben van mijn jacht op oregano, neem ik eerst even een kijkje in de brouwzaal. Het filteren is gedaan en Nacim is begonnen met het wort naar de kookketel te pompen, maar de buis zit verstopt, hoogstwaarschijnlijk door de Romanella. Nacim blijft kalm en probeert niets te forceren. Ik besluit niet op zijn vingers te kijken en ga naar de keuken om Armando de oregano te geven.Hij is bezig met de voorbereiding van een tweede pizza, een pizza Margherita. Ik zie wat vers geplukte basilicum in een glas water. 'Als je de basilicumblaadjes met de steeltjes in het water zet, blijven ze langer vers.'

L'Ermitage maakt bier met passievrucht, thee, pompelmoessap... Geen Beierse zuiverheidswetten voor hen. Ik vraag me af of bier met basilicum zou werken. 'Ze doen het in Italië', zegt Armando. 'En ik denk dat Mikkeller ook een bier heeft gemaakt met basilicum', voegt Henri toe, die net de taproom binnenkwam. Snel even opzoeken op het internet: het 'basilicumbier' van Mikkeller was het resultaat van een collab met Lindemans en heet Spontanbasil, een lambiek met verse basilicum.

We zijn al een stuk na de middag als de eerste pizza klaar is. Want zoals je wellicht nog weet, het ritme van de dag in een brouwerij wordt bepaald door het brouwschema en niet omgekeerd. Omdat het overbrengen van het wort naar de brouwketel trager ging dan verwacht, werd de lunch uitgesteld. Inderdaad, alles voor goed bier!

De pizza is heerlijk, net als de Lanterne die ik erbij drink. De tropische aroma's en smaken en de florale toetsen zijn een goede match met de marinarasaus en de oregano. De combinatie lijkt wel een pizza Hawaï, maar dan zonder heiligschennis te plegen.

Vanwaar ik zit, aan de bar met een stuk pizza in de hand, zie ik een poster met daarop alle etiketten van de bieren die L'Ermitage brouwde van oktober 2017, toen de brouwerij hier in Anderlecht de deuren opende, tot oktober 2018. In hun eerste jaar brouwden ze maar eventjes 24 verschillende bieren, knettergek volgens de meeste zakenmodellen. Maar voor L'Ermitage blijkt het te werken.

'Onze bieren worden gemaakt door Brusseleirs voor Brusseleirs.' Deze lokale focus zou wel eens de verklaring kunnen zijn voor het succes van L'Ermitage. Brussel telt verschillende nieuwe brouwerijen en ze doen het allemaal vrij goed. 'We kunnen de vraag niet bijhouden', zegt François. 'We willen graag ons volume beperkt houden en hebben op dit moment niet echt de ambitie om veel te groeien. We proberen het maximum uit onze brouwinstallatie te halen om aan de vraag tegemoet te komen, maar telkens als dat even lukt, volgen er nóg meer bestellingen.'

Een van hun plannen is wel om in de nabije toekomst een bierbar te openen in het centrum van Brussel. 'Vooral omdat we meer controle willen hebben over de distributie en ook dichter willen staan bij de mensen die onze bieren drinken.'

L'Ermitage Nanobrasserie heeft onderdak gevonden in een oude sigarettenfabriek. Het ruwe, industriële karakter is nog goed bewaard.

Klinkt als een goed plan. In Brussel — en België — is er meer dan genoeg plaats voor bars en brouwerijen waar je bieren kunt drinken die interessant zijn, origineel, uitmuntend, of deze drie kenmerken tegelijk. Bieren die gemaakt zijn met de voeten vooruit, zonder veiligheidsnet, door een lokale, gepassioneerde brouwer. Of brouwers. Drie bijvoorbeeld.

WAT VERSTAAN JULLIE ONDER 'CRAFTBIER' EN 'CRAFTBROUWEN'?

Nacim: '"Craft" is voor ons makkelijk samen te vatten in drie sleutelwoorden: onafhankelijkheid, nabijheid en authenticiteit.'

L'ERMITAGE NANOBRASSERIE
—
ERMITAGENANOBRASSERIE.BE
RUE LAMBERT CRICKX 26,
1070 ANDERLECHT

DE SIGNATUURBIEREN VAN L'ERMITAGE

L'Ermitage heeft vier bieren die het hele jaar door beschikbaar zijn. Deze signatuurbieren worden verder aangevuld met *seasonals* (seizoensgebonden bieren), zogenoemde one shots en de experimentelere bieren uit de Laboratoire d'Alchimie-reeks. Met dit grote aantal individuele bieren willen de brouwers van L'Ermitage de immense variatie aan bierstijlen verkennen. En dan zijn er nog de bieren die Nacim, Henri en François gewoon voor de lol maken, zoals de verjaardagsbieren.

LANTERNE
(5% ABV)

Lanterne is het eerste bier dat L'Ermitage uitbracht. Ze brouwden het aanvankelijk bij Brasserie de Bastogne, maar in oktober 2017 was dit het bier waarmee ze hun nieuwe brouwinstallatie doopten.

Lanterne is een doordrinkbare, lichte pale ale met Mosaic en Cascade. Het tropische fruit van Mosaic domineert in de neus. Als Lanterne wat in het glas geademd heeft, volgen ook meer florale en aardse aroma's typisch voor Cascade. Het tropische fruit is ook de eerste smaakindruk, gevolgd door een accent van hars en een bittere afdronk van de hop, die even aanhoudt.

SOLEIL
(4,5% ABV)

Het werk van illustrator Krump sierde voor het eerst een bieretiket op het flesje van Soleil. Sindsdien heeft hij alle etiketten van L'Ermitage geïllustreerd.

Soleil is een verfrissende dorstlesser, een lichtalcoholisch, wazig tarwebier met een lichtgele kleur en een romige schuimkraag met grote koolzuurbellen. In het aroma zitten pompelmoes, ananas en mandarijn. De eerste slok geeft een frisse, goed parelende en lichtbittere indruk met een klein beetje aciditeit van de tarwe. De afdronk is droog, droger dan je zou verwachten van een tarwebier, en toont een gelijkenis met een droge pale ale en een knapperige saison.

THÉORÈME DE L'EMPEREUR
(6,4% ABV)

Deze pale ale met jasmijnthee is goudkleurig, bijna oranje, en heeft een schuimende kraag die lang blijft staan. Het aroma is rijk aan geuren van steen- en citrusvruchten. Erdoorheen schemert het parfum van jasmijn, wat voor de oosterse toets zorgt die op het etiket wordt aangekondigd. Voor 6,4% ABV gaat deze pale ale heel vlot naar binnen, met eerst wat zoets, dan veel toetsen van fruit en bloemen, en een gematigd bitter slot. Théorème de l'Empereur zou goed combineren met lichtpikante gerechten met verse groene kruiden uit de wereldkeuken.

NOIR DU MIDI
(6,9% ABV)

De naam van deze hoppige porter verwijst naar zijn kleur — *noir* of zwart, de kleur van een porter of een stout — en het deel van Brussel waar L'Ermitage gesitueerd is, le Midi of het Zuid.

Voor een hoppige porter is de subtiele fruitigheid van Noir du Midi geen verrassing. Ze glipt door de geroosterde aroma's naar de neus. De fruitige hop bepaalt ook de eerste smaaktoetsen, gevolgd door kruidige en geroosterde indrukken en een vleugje chocolade. Het laatste woord is aan de bitterheid van de geroosterde mout.

Thinking outside the box

BIER-CIDER-HYBRIDE

Craftbrouwers houden van de uitdaging om een vrijwel oneindig gamma van bieren te creëren met alleen maar de basisingrediënten water, mout, hop en gist. Voor velen stopt die zoektocht naar nieuwe recepten, brouwtechnieken en nieuwe bieren echter niet bij... bier.

Craftbrouwers staan nochtans heel weigerachtig tegenover het gebruik van adjuncts (in enge zin zijn dat alle ingrediënten die geen water, mout, hop of gist zijn, dus ook ongemoute granen). Zeker die adjuncts die de indruk zouden kunnen wekken dat ze gebruikt worden om kosten te besparen of om een shortcut te nemen in het brouwproces, worden gemeden als de pest. Daartegenover staat dat voor sommige brouwers geen ingrediënt te gek is. Bier met komkommer? Klinkt raar, maar als het goed gedaan is, levert het een verfrissend product op. Chilipepers? Die combineren prima met gebrande mout in porters en stouts. Eigenlijk is zowat alles van currykruiden over mosterdzaadjes tot zelfs vlees al gebruikt in bier dat nog steeds als bier smaakt.

Sommige ingrediënten die je niet automatisch met bier zou associëren, worden niet langer beschouwd als 'lichaamsvreemd' in bier. Oesterschelpen in een oesterstout of koffie in een koffiestout zijn ondertussen heel gewoon en worden zonder meer geaccepteerd door bierliefhebbers. Maar voor sommige ingrediënten blijft het toch moeilijk ze zomaar te aanvaarden, ook al liggen ze dichter bij de essentie van bier dan je zou denken. Denk maar aan de gist die gevangen werd in de baard van John Maier, brouwmeester bij Rogue Ales uit Oregon, en waarmee Beard Beer gemaakt werd. In theorie verschilt deze gist in niets van andere wilde gist. Maar het idee...

Tradities doorkruisen

De grenzen verleggen van wat bier eigenlijk is, draait niet noodzakelijk om het gebruik van gekke of vreemde ingrediënten. Het gaat er ook om de grenzen tussen stijlen, soorten alcoholische dranken en tradities te doorkruisen. Italië wordt traditioneel gezien als een wijnland, maar het heeft ook een groeiende en bloeiende craftbierscene. Italiaanse brouwers produceren goede en verrassende bieren, en soms steken ze daarbij de grens over met de wereld van de wijn, bijvoorbeeld als ze een Italian grape ale maken. De grape ale wordt meestal gemaakt door een mengeling van wort en druivensap, beide een bron van vergistbare suikers, samen te vergisten. Bij een andere, avontuurlijker manier, een variant op spontane vergisting, wordt de wort gemengd met gekneusde druiven. Op de schil zitten wilde gisten die voor de vergisting van het wort en het (beetje) druivensap zorgen.

Appelocalyptic

Amerika houdt van bier... en cider. Beide zijn historisch de favoriete dranken van de gewone man en van de vele Amerikaanse landbouwers. Dit gegeven inspireerde Stephen King om een bier-ciderhybride, *graf* genaamd, te bedenken voor de rondzwervende personages in *The Dark Tower*-reeks, die zich afspeelt in een apocalyptische, westernachtige fantasywereld.

In zijn romans vertelt King niet wat graf precies is, behalve dat het een '*apple-beer*' is, maar online vind je heel wat interpretaties van graf (vaak 'graff' gespeld) door hobbybrouwers. Een commercieel voorbeeld is GRAFF(T), het resultaat van een collab tussen New Belgium, Two Beers Brewing en Seattle Cider Company. GRAFF(T) is een India pale lager met 10% appelmost.

Appels in bier is niet nieuw en al helemaal niet beperkt tot een bepaalde stijl of methode. Waar bij graf en GRAFF(T) wort en appelsap samen vergisten, is het brouwproces van de 10 Apple Stout een tikkeltje ingewikkelder. Dit bier ontstond uit een collab tussen To Øl uit Denemarken en Põhjala Brewery uit Estland. De brouwers integreerden in deze vatgerijpte imperial stout van 12% ABV op tien verschillende manieren het appelaroma en de appelsmaak van tien verschillende appelsoorten.

Hoppige bier-ciderhybride

Dit is een recept voor een bier-ciderhybride, losjes gebaseerd op graf(f). Omdat dit een boek over bier is en de meeste voorbeelden van graf neigen naar een verhouding van 50% bier en 50% cider, of zelfs meer cider dan bier, heb ik het aandeel van appelsap teruggeschroefd naar 20%. Dit zou een verfrissend, lichtbitter, lichthoppig en friszurig bier moeten opleveren, dat een beetje de indruk geeft spontaan vergist te zijn (wat niet het geval is).

VOOR
11 LITER
BIER-CIDERHYBRIDE

MOUT: *2,7 kg pilsmout*
GIST: *SafAle US-05*
HOP: *15 g East Kent Goldings,*
30 g Hallertau Perle, 30 g Groene Bel,
40 g El Dorado
EXTRA: *Iers mos, 2 liter*
biologisch appelsap

MAISCHEN

— Doe 16 liter water in een ketel en maak de brewbag vast aan de handvatten van de ketel. Verwarm het water tot 64 °C.

90' —— Doe de geschrote mout in het water. De temperatuur zal zakken naar ongeveer 63 °C. Doorroer het beslag om klonters te vermijden. Houd 63 °C aan gedurende 60 minuten.

80' —— Pas de pH aan naar 5,4.

30' —— Warm het beslag op tot 72 °C (een graad per minuut is perfect) en houd deze temperatuur aan gedurende 20 minuten.

— Haal de brewbag uit de ketel en laat hem uitlekken. Je zou met 15 liter wort met een SG van 1042 moeten kunnen beginnen aan het koken.

KOKEN

70' —— Start het koken van het wort. Pas de pH aan naar 5,2 vlak voor het wort begint te koken.

60' —— Kook gedurende 60 minuten. Voeg East Kent Goldings toe (15 gram).

10' —— Voeg Iers mos toe.

00' —— Voeg Hallertau Perle (30 gram) en Groene Bel (30 gram) toe en beëindig het koken.

GISTING

— Koel het wort af tot 25 °C.
— Meet het begin-SG van het wort.
  Je zou op 1058 moeten uitkomen.
— Giet 2 liter ongefilterd appelsap zonder
  additieven in de gistingsemmer.
  Voeg daarna het wort toe.
— Strooi de droge gist over de mengeling
  van wort en appelsap en meet nogmaals
  het begin-SG (het zal wellicht wat gezakt
  zijn, omdat het meeste appelsap dat je in
  de winkel koopt een SG heeft van rond de
  1050).
— Laat een week gisten bij 18–20 °C. Beter
  de temperatuur wat lager dan hoger om
  de kans op off-flavours te minimaliseren.
  Dit is een delicaat mengsel waarvan
  de vergisting niet al te veel moet
  aangemoedigd worden.
— Je eind-SG zou nu 1008 moeten zijn,
  ongeveer 6 à 6,5% ABV, afhankelijk van
  het SG van het appelsap.

LAGEREN EN DRYHOPPEN

— Hevel het bier over naar de
  lageringsemmer.
— Dryhop het bier met El Dorado (40 gram)
  en laat het nog een week lageren op een
  koelere plek.

BOTTELEN EN RIJPING OP FLES

— Kook 80 gram suiker (8 gram per liter) in
  een klein beetje water. Laat het afkoelen
  tot 25 °C.
— Verwijder de hop.
— Voeg de suiker toe en doorroer het bier
  voorzichtig met een ontsmette lepel.
— Maak het deksel dicht. Je kunt nu
  bottelen.
— Zet de flessen gedurende (minstens) een
  week in een donkere, warme plaats voor
  de hergisting in de fles. Laat ze daarna
  nog een week rusten in een frissere
  ruimte, een kelder of een koelkast. Voor
  meer hopaccenten kun je deze hybride
  het best kort na het bottelen drinken,
  voor een droger bier met wat meer zure
  toetsen mag je hem wat tijd geven om te
  rijpen in de fles.

BROUWNOTITIES

— De schuimkraag verdwijnt snel,
  waarschijnlijk door het appelsap. Het ziet
  er ook meer cider dan bier uit.
— Het eerste aroma nadat de fles geopend
  is, is dat van El Dorado. Maar zoals
  bij veel gehopte ciders verdwijnen de
  hoparoma's snel en maken ze plaats voor
  toetsen van cider.
— Bij een volgend brouwsel wil ik wat
  gerstvlokken en/of Carafoam toevoegen
  om het mondgevoel en de schuimkraag te
  verbeteren.
— Om meer invloed te hebben op het
  eindresultaat kun je het bier en het
  appelsap ook apart laten vergisten en
  nadien blenden.

'NET ALS EEN BOER OP HET VELD MOET EEN BROUWER ZIJN HANDEN VUILMAKEN'

ANTIDOOT WILDE FERMENTEN

L'Or du pré — saison van wilde vergisting met paardenbloemen

Het is een stralende ochtend, met de eerste tekenen van een prachtige, zomerse aprildag, wanneer ik aankom bij Antidoot, het wildefermentatieproject van Tom en Wim Jacobs in Kortenaken, een landelijk dorp in Vlaams-Brabant. Antidoot is het bekendst om bieren die gefermenteerd zijn met wilde gisten, maar Tom maakt ook natuurcider en natuurwijn. De 'boerderijbrouwerij' van Tom bevindt zich vlak naast zijn huis. Het is de enige thuisbrouwerij die ik bezoek voor dit boek en voor Tom maakt ze integraal deel uit van een ruimer project om een leven uit te bouwen waarin hij zelfbedruipend kan zijn.

Als ik een kijkje neem in de brouwerij, lijkt er niemand te zijn. Ik bel dus even aan bij het huis van Tom. Zijn dochter Juno doet de deur open en weet meteen dat ik hier voor Antidoot ben. Als een ervaren gastvrouw — later vertelt Tom mij dat het grootste deel van zijn verkoop hier thuis gebeurt, zijn

kinderen zijn dus wel wat bezoek gewend — brengt ze me naar de bovenverdieping van het kleine brouwerijgebouw. Tom zit half in een gistingstank, bezig de binnenkant schoon te maken met de zachte kant van een keukenspons. Het is niet te verwonderen dat hij me enkele minuten geleden niet hoorde binnenkomen.

'Ik wil liever niet te veel chemicaliën gebruiken om te reinigen', legt Tom uit waarom hij het eerste halfuur dat ik hier ben nog verschillende keren met zijn hoofd en bovenlichaam de tank in en uit gaat. Brouwen is vooral poetsen, maar de manier waarop Tom het doet, overtreft alles. Als je niet de hele tijd wil CIP'en, moet je natuurlijk zelf de handen uit de mouwen steken en ook goed controleren of niets blijft plakken aan de wanden van de tank. Tom doet dat secuur, met een zaklamp, en door zijn lichaam in alle richtingen te draaien, zodat hij elke bocht en glooiing van de conische tank kan inspecteren.

KNALDEBUUT

Tom maakt de tank klaar om er het wort voor L'Or du pré in te doen, een zuur saisonachtig bier met een duidelijke Antidootsignatuur. L'Or du pré of 'Goud van de weide' is een van die bieren van Antidoot waarnaar bierfanaten en fanaten van spontane en wilde vergisting lang op voorhand uitkijken. Dat was al zo voordat Antidoot de eerste keer formeel naar buiten kwam. Omdat Tom en Wim al heel wat tastings hadden gedaan met hun bier en cider, zorgde het eerste product dat ze verkochten tijdens de zomer van 2018 — een cider — voor een knaldebuut. Het succes voorspelde nog meer goeds, want ze werden op het Belgian Beer Awards Digital Festival van 2019 verkozen tot Brouwer van het Jaar 2018.

Het wort voor L'Or du pré heeft gedurende zestien uur liggen koelen in een koelschip. Het is een gastvrije omgeving geworden voor allerlei wilde micro-organismen, die van verschillende bronnen in de brouwerij komen.

Boven het koelschip hangt een dakje gemaakt van wijnranken uit Toms eigen wijngaard. Het ornament is een schedel van een lam, een symbool van de middeleeuwse alchemie. Die constructie is geen decoratie, maar hangt hier met een doel. Het plafond is gemaakt van roestvrijstalen platen, waarop geen micro-organismen leven. Fantastisch nieuws voor de meeste brouwerijen, maar Tom wil wel graag een bloeiende microcultuur om het wort te 'besmetten' dat in het koelschip afkoelt. 'De takken zijn dragers van micro-organismen, zoals wilde gisten. Ook de laag leem op de muren en de houten vaten zijn uitnodigende gastheren voor microbiologisch leven. Maar de controleurs van het Federaal Agentschap voor de Veiligheid van de Voedselketen moesten toch een beetje overtuigd worden voor ze groen licht wilden geven.'

175

De jongste dochter van Tom, Danse, komt ons even begroeten. 'Gisteren hebben zij, haar zus en enkele vriendinnetjes geholpen met het plukken van paardenbloemen', vertelt Tom. 'Vijftien kilo, dat is echt veel.' Die paardenbloemen drijven nu in het koelschip, samen met hopbellen. 'Wim en ik hebben gisteren het wort gebrouwen en daarna een nachtje laten afkoelen in dit koelschip. Het is eigenlijk een oude kuip van een wijnmaker die ik tot koelschip omgebouwd heb. We creëren zo een soort saison zoals die vroeger werd gemaakt. Hij zal in niets lijken op de hoppige saisons die je vandaag vindt. Tot en met de Tweede Wereldoorlog waren alle saisons zure bieren en vaak geblend, ze leunden dichter aan bij lambieken en geuzes.'

De gistingstank is klaar, maar om het wort vlot van het koelschip naar de tank over te brengen moest Tom enkele voorzorgsmaatregelen nemen. De bloemen kunnen de slang en de pomp gemakkelijk doen verstoppen. Tom heeft daarom een geïmproviseerde dubbele filter voor het afvoergat in het koelschip gemonteerd en ook een tussenstuk met een kijkglas op de slang bevestigd, zodat hij in de gaten kan houden hoe vlot het wort vloeit. Inventief en niet zelden uitgevoerd met gerecupereerd materiaal. Toch kunnen de voorzorgen niet verhinderen dat trub de filter en het tussenstuk doet dichtkoeken. Deze manier van bier maken gaat vergezeld van allerlei uitdagingen.

Tom spuit wat ontsmettingsalcohol op zijn handen en haalt met zijn blote handen de trub uit de filter en het tussenstuk. 'Dat zie je normaal niet in een brouwerij. Brouwers zijn er als de dood voor om ook maar iets aan te raken met hun blote handen. Bij wijn- en cidermakers is dat heel normaal. Als de vergisting goed verloopt, is er eigenlijk geen probleem. De andere micro-organismen maken dan geen kans tegen de gistcellen.'

Om te brouwen met wilde bloemen moet je de handen uit de mouwen steken en inventief zijn.

ALS WILDE SCHAPEN

Antidoot is gespecialiseerd in wilde vergisting. Dat kan zowel spontane vergisting zijn, zoals in hun lambieken, als een vergisting die op gang wordt gebracht door een giststarter met een wilde gistcultuur die Tom in zijn tuin gevangen heeft. 'Met dit type bier wil ik dat de vergisting meteen een duw in de rug krijgt', zegt hij over L'Or du pré. Hij heeft net een glazen fles met de giststarter gehaald. 'Ik ga dit in de gistingstank *pitchen* terwijl die verder gevuld wordt met het wort. Ik vertrouw niet alleen op de wilde gisten en bacteriën die al in het wort aanwezig zijn. Met enkel spontane vergisting hebben die meer tijd nodig om zich te ontwikkelen en dus duurt het langer voor er een actieve vergisting bezig is.'

Of Tom het wort nu spontaan laat vergisten of met een opgekweekte wilde gist, deze manier van brouwen vraagt een andere, arbeidsintensievere aanpak. Zo verloopt het maischen anders. 'We maischen in drie stappen, met een temperatuurrust op 49 °C en 54 °C. Op dat punt krijgt drie vierde van het beslag een extra rust op 73 °C. Voor het andere vierde verhogen we de temperatuur naar 84 °C om de enzymwerking stop te zetten. Wij willen lange suikerketens, zodat de gistcellen nog niet alles kunnen opeten tijdens de eerste vergisting. We hebben nog suikers nodig die geconsumeerd zullen worden in de vaten. Nogal wat brouwers zeggen dat wilde gisten niet zo efficiënt zijn als de *Saccharomyces* die in een laboratorium werd opgekweekt, maar eigenlijk eten ze heel gulzig. Ze zijn een beetje als wilde schapen, en die eten zelfs brandnetels.'

Niet alleen het maischen verloopt wat ingewikkelder, ook het koken vergt een grotere inspanning en meer tijd. 'We koken het wort gedurende drie volle uren, zodat de smaken zich beter integreren en omdat de overjaarse hop die we gebruiken meer tijd nodig heeft om de oliën vrij te geven.' Tom biedt me een glas aan met een sample van het wort. Het ruikt heerlijk en fruitiger dan ik had verwacht. 'Die fruitigheid komt waarschijnlijk van het stuifmeel van de paardenbloemen', legt hij uit.

Meestal brouwen Tom en zijn broer Wim samen. Dat proberen ze tijdens de winter elke dinsdag te doen. Terwijl Wim nog altijd als gastro-enteroloog werkt in het Jessa Ziekenhuis in Hasselt, is Tom sinds september 2018 voltijds brouwer, cider- en wijnmaker. Hij houdt zich daarom naast het brouwen bezig met alle andere aspecten van de brouwerij, de boomgaard en de wijngaard. Dat betekent dat Tom lange, goedgevulde dagen klopt, maar wel met volle goesting. 'Dit is een veeleisend beroep. En je kunt je werkuren niet allemaal meerekenen in de prijs per fles. Maar je wordt natuurlijk ook betaald met de vrijheid om voor de kost te kunnen doen wat je graag doet.'

Bier proeven is werk, zowel voor Tom als voor mij, zelfs op een zonnige dag als vandaag. Maar het is wel heel plezierig werk, zeker nadat we net het koelschip hebben geleegd en schoongemaakt. Het is ondertussen middag en tijd om de fysieke kant van het brouwen even te onderbreken. Tom schenkt me een lambiek in met een verzameling van rood fruit uit de tuin. Het is een fles van een batch die niet verkocht wordt. Het smaakt er niet minder om, met een rijk bouquet van rood fruit en toetsen van amandel en vanille. Van dit spontaan vergist bier dat niet werd geblend, zou ik een uitgesproken aciditeit verwachten. Ik word dus verrast door het zachte zuurtje dat mijn tong prikkelt.

SUZUKI-AANVAL

We zitten op een bankje voor de brouwerij en kijken uit over het domein van Tom, een klein paradijs van biodiversiteit dat in schril contrast staat met de vele boomgaarden waar ik op weg naar Kortenaken langs ben gereden. Deze regio telt heel wat fruitboeren, maar voor de meesten is kwantiteit het belangrijkste, wat zichtbaar is aan de rechte rijen met laagstammen. Dan ziet het organisch georganiseerde stuk grond van Tom er heel anders uit. De tuin met speeltuig voor de kinderen gaat geleidelijk over in de groentetuin en enkele eilandjes met braamstruiken, waarachter de wijngaard ligt. De wijnranken staan op hun beurt vredig naast hopranken met de herontdekte Belgische hopsoort Groene Bel. Nog wat verder van het huis grazen schapen in een weide.

Overal verspreid over dit stuk grond staan hoogstammige fruitbomen met abrikozen, pruimen peren en vooral appels. Oude Belgische appelrassen en, sinds kort, ook enkele Franse en Engelse rassen die traditioneel gebruikt worden voor Normandische en Engelse cider. 'Het appelsap van de Franse en Engelse rassen bevat meer tannines en geeft meer bitterheid aan de cider', verklaart Tom die keuze.

Terwijl Tom en ik door de tuin wandelen, praat hij over de principes van permacultuur. 'Het uitgangspunt is dat je verschillende soorten planten niet apart houdt, maar door een gemengde aanplant de biodiversiteit stimuleert en de verschillende planten elkaar sterker laat maken, zodat je geen pesticiden nodig hebt om de gewassen en het fruit te beschermen. In theorie klinkt dat perfect, maar in werkelijkheid is het een uitdaging en hard werk. En risicovol.'

In 2017 werden de fruitplanten van Tom het slachtoffer van een Japanse fruitvlieg, *Drosophila suzukii*, beter bekend als de suzuki-fruitvlieg, een exoot zonder natuurlijke vijanden. De vlieg legt haar eitjes in fruit dat niet met sulfieten behandeld is. Ze eet zich een weg door de vruchtschil en zet zo de productie van azijnzuur in gang, waardoor het fruit begint te rotten. Veel fruit, vooral bramen, ging zo verloren, maar Tom kon wel nog bijna 75% van zijn druiven redden door de druiventrossen in een doek te wikkelen. Een per een...

'Op lange termijn — ik bedoel dan een tiental jaar — zouden er genoeg natuurlijke vijanden gelokt moeten zijn om grote kolonies van de suzuki-fruitvlieg weg te houden. Maar ondertussen lijkt de permacultuur het probleem erger te maken. Die vliegen vinden hier van de lente tot de herfst een overvloed aan voedsel en fruit om hun eitjes in te leggen.'

TERROIR

Tom heeft al eerder tegenslag gekend, maar denkt niet aan opgeven. Zijn benadering van het werk in de tuin en de brouwerij is niet ingegeven door praktische of economische motieven, maar is gebaseerd op principes en een levenskeuze. Antidoot is een deel van een groter project van Tom en zijn vrouw, Kristien Justaert. Tien jaar geleden gingen ze weg uit Leuven, weg van de verkeerde prioriteiten die een druk leven in de stad opdringt aan mensen, gezinnen met jonge kinderen in het bijzonder. Op het platteland wilde Tom een leven uitbouwen waarin hij zelf in al zijn behoeften zou kunnen voorzien.

Tot voor kort kon Tom bijna 90% van de gezinsconsumptie van fruit en groenten uit de tuin halen. Hij kweekte zelfs zijn eigen vlees, van lammeren en kippen, die hij eigenhandig slachtte. Maar nu hij voltijds brouwer is, is er tijd te kort om een tuin te onderhouden die voldoende voedsel oplevert.

Vroeg in de namiddag neemt Tom me mee op ontdekkingstocht door zijn terroir. We gaan paardenbloemen plukken. Zo'n vijftien kilo. Tom heeft aan de overkant van de straat een stukje grond gekocht waar alleen maar gras en paardenbloemen groeien. Dichter bij een vleugje terroir in het bier kun je niet komen. De oogst van paardenbloemen zal morgen gebruikt worden, wanneer Tom nog een batch L'Or du pré zal brouwen.

Tom gebruikt graag verse kruiden, wortels van planten en schors in zijn bieren. Hij gaat hiermee terug op het middeleeuwse gebruik van gruit en haalt zijn inspiratie zowel uit deze oude Vlaamse traditie als uit historische bronnen. Ook Franse gealcoholiseerde wijnen als vermout of Italiaanse bitters als amaro en alpenlikeuren vormden een bron van inspiratie. Bij die laatste haalde Tom ideeën voor Gentiana Lutea, een soort lambiek met gele gentiaan als bitter ingrediënt, vergelijkbaar met de paardenbloemen in L'Or du pré.

Het betekent niet dat Tom dat plan heeft opgeborgen. In dat plan spelen authentieke 'boerderijbieren' brouwen en natuurwijn en natuurcider produceren een belangrijke rol. Dankzij de thuisbrouwerij kan hij hard werken en tegelijk een aanwezige vader zijn. Hij kiest voor lokale ingrediënten en maakt producten met een uitgesproken terroirkarakter. De enige ingrediënten die niet uit de nabije omgeving komen, zijn de mout en het graan, maar dat probeert Tom te compenseren door biologische mout en granen te gebruiken.

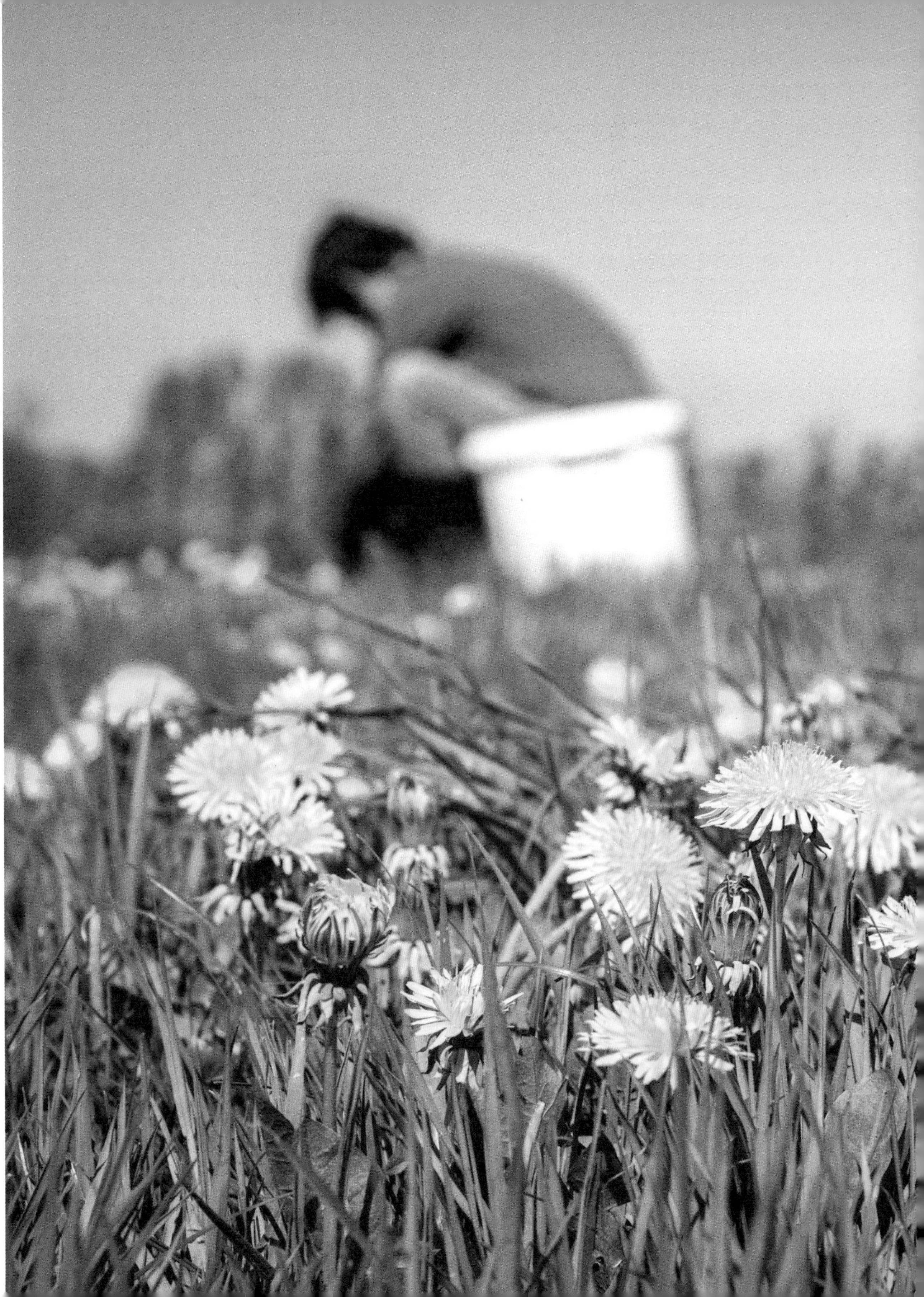

GESPECULEER

Terug binnen schenkt Tom een glas in, recht van het vat. De vergisting is nog steeds bezig en het bier smaakt vrij zoet, met veel suikers die nog niet in alcohol omgezet zijn. Ik proef ook veel esters. 'Drink niet te veel, het kan je darmen prikkelen. Bier drinken dat nog niet lang aan het vergisten is, is niet zonder risico. Er kunnen nog altijd pathogenen in zitten die niet door de alcohol geweerd zijn. Deze zou ondertussen veilig moeten zijn, hij heeft al ongeveer 5% alcohol.'

Ik vraag Tom of hij zichzelf ziet als een brouwer van lambiek en saisons, maar hij beklemtoont dat hij dat niet is. 'We brouwen farmhouse ales, maar op het etiket noemen we die geen lambiek of saison. We beschrijven wat er in de fles zit, maar we gebruiken niet de gebruikelijke bierstijlnamen. Die stijlen zijn niet van belang en eigenlijk niet interessant. Hybrides zijn dat veel meer.' Tom wil graag dat Antidoot de grenzen tussen de verschillende soorten bier en andere vergiste dranken doet vervagen. Hij wil graag experimenteren met hybrides van bier en cider. 'Is het bier of is het cider? Dat vind ik een boeiende vraag. Voor mij hoeft dat zelfs geen koolzuurhoudende drank te zijn. Maar daar is Wim het niet altijd mee eens.'

Hoe hij zijn bieren ook noemt, Tom brouwt ze zelden twee keer op dezelfde manier en alleen in kleine volumes. De batch van L'Or du pré van vandaag en die van morgen zullen samen één tot anderhalf jaar rijpen in zes vaten van 200 liter. Voor Antidoot is dat een vrij groot volume. 'Onze jaarproductie zou passen in één foeder van Boon', stelt Tom.

Het betekent dat de flessen snel uitverkocht zijn en zeldzaam, waardoor speculanten er hun begerige oog op hebben laten vallen. 'Er wordt veel geld betaald voor craftbier met een beperkte beschikbaarheid. Door beer geeks, maar ook door speculanten. Ik ontdekte onlangs dat iemand hier op een tasting een magnumfles gekocht had en ze met veel winst probeerde te verpatsen op een *raffle*, een soort online loterij die georganiseerd wordt in een gesloten Facebookgroep. Ik heb hem gemaild om duidelijk te maken dat ik die praktijk niet tolereer.'

Om deze zonnige dag af te ronden drinken we nog een glas Gentiana Lutea. Tom haalde ook nog een fles van L'Or du pré uit 2018 voor me, om thuis te proeven. Op het etiket keert de schedel terug, het symbool van de middeleeuwse alchemie. Tom doceerde in zijn 'vorige leven' filosofie en ethiek aan de UCLL Hogeschool in Leuven en haalt veel inspiratie uit de filosofie achter de alchemie, wat weerspiegeld wordt in de naam 'Antidoot'.

'De naam verwijst naar een antidotum, een tegengif. Tegen het dictaat van reinheid, bijvoorbeeld, een mantra voor moderne brouwers, die alles willen ontsmetten of steriliseren. De centrale idee van deze filosofie is dat alles deel is van een cyclus: wat sterft geeft leven. Compost is daar een goed voorbeeld van. Op een symbolisch niveau betekent het dat je soms door de zure appel heen moet bijten om iets te bereiken.' Antidoot klinkt ook als 'antidood'. 'Dat leidt soms tot grappige situaties aan de telefoon, wanneer ik een leverancier bel en mezelf voorstel als Tom van "antidood".'

Vandaag heb ik me gelaafd aan een antidotum tegen de ratrace. Met dat gevoel rijd ik naar huis. Rond Brussel kom ik in een file terecht, maar ik neem me voor me niet te ergeren. In mijn hoofd laat ik deze inspirerende dag nog eens terugkeren. Tenminste, tot ik me opnieuw moet concentreren op de weg en het verkeer.

WAT VERSTA JIJ ONDER 'CRAFTBIER' EN 'CRAFTBROUWEN'?

Tom: 'Ik weet niet goed waar wij tussen de craftbrouwers passen. Ik zie meer gelijkenissen tussen ons werk en dat van natuurwijn- en cidermakers dan dat van de meeste brouwers in de craftbierscene, terwijl ik er wel heel wat vrienden heb. Die beweging is eigenlijk een beetje tegenstrijdig. Ze kant zich tegen de grote, kapitalistische brouwerijen, de multinationals, maar is tegelijk ook een symptoom van de globalisering: brouwers die dezelfde bierstijlen brouwen en daarvoor dezelfde commerciële pure gistculturen gebruiken. Het komt mij te veel over als een hype en de focus ligt te veel op de recepten, in plaats van op het kweken van een eigen gistcultuur, voor mij de echte bron van diversiteit. Traditionele brouwers worden vaak gezien als ouderwets, maar velen hebben wel jarenlang koppig gewerkt aan die ene gistcultuur om dat ene bier te maken. Ik mis die standvastigheid een beetje in de craftbierwereld.

Het begrip "craft" is in zekere zin uitgehold. Voor mij is brouwen iets fysieks: zoals een boer op het veld moet je je handen vuilmaken.'

ANTIDOOT WILDE FERMENTEN

ANTIDOOT.BE
DIESTSESTRAAT 41,
3470 KORTENAKEN

DE SIGNATUURBIEREN VAN ANTIDOOT

Antidoot heeft geen vaste reeks signatuurbieren, maar wel een signatuurstijl. 'We maken zelden twee bieren op precies dezelfde manier. Al zou je wel kunnen zeggen dat spontane vergisting en wilde gisten steeds de rode draad zijn. We spelen ook met variabelen als kruiden, bloemen, planten, wortels van planten of fruit, alles wat beschikbaar is in de nabije omgeving.'

De sleutelelementen in de signatuurstijl van Antidoot zijn:

— Spontane vergisting of vergisting met de eigen, opgekweekte wilde gistcultuur.

— Een beperkt gebruik van hop. Bijna alleen overjaarse hop wordt gebruikt om het bier te bewaren. Om het bitter te maken en smaak te geven, gebruikt Tom kruiden, planten en bloemen, zoals paardenbloemen.

— Een sterke invloed uit de wereld van de natuurwijnen en zelfs de cocktails, meer dan van andere brouwers en bieren.

— Een aanpak zoals in de 19e eeuw, toen brouwers nog niet zo bezeten waren van hygiëne.

Om een bier van Antidoot te pakken te krijgen, moet je Tom en Antidoot goed volgen op Facebook, zodat je er als eerste bij bent om een zitje te bemachtigen op een van de events van Antidoot. Ik had het geluk dat Tom me nog een van de laatste flessen kon meegeven van L'Or du pré uit 2018 om het te proeven en hier te beschrijven. De bieren van Antidoot worden consequent verkocht in flessen van 75 centiliter. Daarom heb ik deze geproefd in goed gezelschap.

L'OR DU PRÉ

(6,6% ABV)

is gemaakt met gerstemout, ongemoute tarwe en ongemoute spelt, is spaarzaam gehopt en bevat paardenbloemen, die het bier vooral bitteren en bijdragen aan de complexe smaak. L'Or du pré is goudblond, een beetje wazig en heeft een fijne mousse onder een dikke, witte schuimkraag. In het aroma vind ik groene appel, de geur van bloemen en toetsen van *Brettanomyces* terug, zoals een lichte stalgeur. Dit is een zuur bier, maar niet astringent. Het fruitige zuur wordt vergezeld van een licht, sprankelend mondgevoel, dat droger wordt in de afdronk, met bittere toetsen van de paardenbloemen.

De jacht op de wilde gist

FERMENTATIE MET WILDE GISTEN

Wie wil brouwen op een manier die ouder dan de straat is, moet zijn wort spontaan laten vergisten of als een jager-brouwer wilde gisten gaan vangen.

De kennis van de rol die gist precies speelt bij het 'ontstaan' van bier is piepjong, net als het gebruik van pure gistculturen bij het brouwen. Louis Pasteur publiceerde in 1858 voor het eerst over de werking van gist en Emil Christian Hansen isoleerde in 1883 de eerste pure gistcel, terwijl de oudste sporen van brouwen al dateren van ongeveer zevenduizend jaar geleden. Zelfs de eeuwenoude praktijk waarbij (onbewust) gerecupereerde gist aan het verse wort werd toegevoegd, is een puberale activiteit in het licht van de biergeschiedenis. Spontane vergisting is dus zo'n beetje *the real deal*.

Alleen verdwenen spontaan vergiste bieren in de tweede helft van de 20e eeuw bijna volledig uit het wereldwijde bieraanbod, met uitzondering van enkele brouwerijen in Brussel en omgeving — het Pajottenland en de ruimere Zennevallei — waar ze lambieken en geuzes bleven maken. Vandaag zijn zure bieren, spontaan gefermenteerd of van gemengde gisting, populairder dan ooit, vooral omdat de huidige generatie liefhebbers volledig uit vrije wil en met volle overtuiging fan is (en dat is ooit anders geweest).

Koelschipkoorts

Lange tijd leefde de mythe dat lambieken en geuzes alleen maar in de Zennevallei gemaakt kunnen worden, dankzij de micro-organismen die in deze regio in de lucht hangen. De wetenschap toont aan dat wilde *Saccharomyces*, *Lactobacillus*, *Pediococcus* en *Brettanomyces* overal de lucht bevolken. Wat lambieken en geuzes uniek maakt, is het ambacht van de brouwers en stekers, die van generatie op generatie wordt doorgegeven, en de getemde wilde gistcultuur die in hun vaten leeft. Die versterkt het effect van de wilde gisten en bacteriën die 's nachts het wort in het koelschip hebben bevrucht.

Met de juiste dosis geduld, vakmanschap en toewijding kun je ook op andere plaatsen in de wereld vergelijkbare types bieren maken. Het resultaat zal anders zijn, maar dat is ook het geval bij de verschillende lambieken en geuzes in de Zennevallei.

Amerikaanse craftbrouwers lieten zich al altijd graag inspireren door de Belgische biertraditie en nogal wat brouwerijen hebben ondertussen ook een koelschip. De eerste was Allagash Brewing in 2007. Een artikel op Craftbeer.com heeft het zelfs over 'koelschipkoorts' in Amerika en noemt Cantillon als de bron van het virus.

Wild Brett-cultus

Spontane vergisting en de wilde gistsoort *Brettanomyces* hebben een grote schare fans. *Brettanomyces* heeft zelfs een troetelnaam: Wild Brett. En omdat hij zo populair is, is deze wilde gist ondertussen ook getemd en voor hobbybrouwers verkrijgbaar in een *smackpack*.

Dat Wild Brett zo populair is, toont zich ook in de bierfestivals die aan deze wilde gist gewijd zijn. Carnivale Brettanomyces, bijvoorbeeld, dat elke zomer plaatsvindt in verschillende biercafés in Amsterdam. Het fêteert de kwaliteiten van *Brettanomyces* en andere wilde gisten en bacteriën. Het is ook het festival waar Antidoot een reputatie begon op te bouwen nog voor ze hun eerste product hadden uitgebracht.

Brettanomyces is Grieks voor 'Britse zwam', wat niet echt smakelijk klinkt. Dat is geen toeval, want de gist werd aanvankelijk gezien als de bron van ongewenste aroma's en smaken. Tegenwoordig wordt hij gekoesterd door brouwers en bierliefhebbers, en wint hij veel zieltjes onder cidermakers. Zelfs natuurwijnboeren beginnen Wild Brett te waarderen.

Zijn aantrekkelijkheid voor craftbrouwers heeft *Brettanomyces* te danken aan zijn opvallende aroma- en smaakeigenschappen, wat een bier met Brett onmiddellijk herkenbaar maakt (denk maar aan Orval), en zijn onvoorspelbaarheid, wat een bier met Brett dan weer telkens een beetje anders en verrassend maakt.

JE EIGEN WILDE GIST VANGEN

— Wilde gist vangen in je eigen omgeving is in essentie best gemakkelijk en je hebt er ook niet veel materiaal of tijd voor nodig. De enige *catch* is dat het resultaat moeilijk te voorspellen is en zelfs dik kan tegenvallen.

— Maak voor een wildegiststarter 1 liter wort door 114 gram gedroogd moutextract in 1,2 liter water te koken met 1 gram oudere hop of een hop met weinig alfazuren (de hop moet de wort minder ontvankelijk maken voor azijnbacteriën, maar niet bitteren). Dit wort zal een begin-SG hebben van ongeveer 1040.

— Giet het wort in drie tot vier ontsmette glazen potten (aangezien de kans op mislukken groot is, doe je met verschillende potten aan risicospreiding). Dek ze af met neteldoek of een hopzakje. Stoom vooraf de doek of het zakje om ze steriel te maken en maak ze goed vast rond de rand van de pot met een dik elastiek.

— Zet de potten een nachtje buiten op een plaats waar veel tocht is. Zorg ervoor dat ze buiten het bereik staan van dieren als katten.

— Haal de volgende ochtend de potten binnen en giet het wort in gistflessen met een waterslot. Als je die niet hebt, kun je de glazen potten ook afsluiten met een diepvrieszakje en een elastiek. Je mag ze een week of drie laten staan. Al na een paar dagen zou je de eerste tekenen van fermentatie moeten zien.

— Na drie weken zul je zien in welke flessen (in het slechtste geval alle flessen) de ongewenste organismen, zoals zwammen en zwarte schimmel, de strijd winnen. Witte en groene schimmel zijn niet erg. Als de geur je bevalt, kun je die schimmels met een ontsmette lepel verwijderen.

— Ruik aan de flessen. Als de inhoud echt stinkt, giet je die maar weg. Aangezien je wilde gist probeert te vangen om een soort van spontane vergisting op gang te brengen, ga ik ervan uit dat je houdt van zure bieren. Dan weet je ook welke geur je daarvan mag verwachten. Zoek in je wildegiststarter naar dezelfde soort geuren, vooral die van zuur fruit en/of de geur van een boerenerf.

— Een laatste test: verwijder het bovenste laagje en neem een sample. Giet het in een proefglaasje. Ziet het er vrij helder uit? Een lichte waas mag. En nu... mag je proeven. Als de smaak je bevalt (maar verwacht geen uitgebalanceerde geuze!), dan is je giststarter klaar om er de vergisting van een batch bier mee op gang te brengen.

NOTITIES

— De beste periode om wilde gist te oogsten loopt van de herfst tot de (vroege) lente, wanneer de temperatuur 's nachts voldoende daalt. Zo kan het wort snel genoeg afkoelen om de gisten een voorsprong te geven op andere micro-organismen als acetobacter, die vooral bij hogere temperaturen gedijen.

— Als je tevreden bent met je gistkweek, kun je die bijvoorbeeld gebruiken voor dit beknopte recept om het effect van de wilde gist te kunnen proeven. Schroot 1,6 kilogram pilsmout en 1 kilogram tarwemout. Maischen doe je gedurende 30 minuten op 62 °C en 40 minuten op 72 °C om meer niet-vergistbare suikers als dextrines aan te maken. Bij het koken (gedurende 60 à 90 minuten) voeg je bij het begin slechts 5 gram East Kent Goldings of Groene Bel toe (hop met weinig alfazuren). Als je dan voldoende geduld hebt, zal Wild Brett de dextrines met de tijd opeten en zo zijn typische aroma en smaak aan je bier geven. Tenminste, als je *Brettanomyces* hebt kunnen vangen en je bier überhaupt drinkbaar is. Een bier met wilde gisten doet weleens denken aan de doos met chocolade van Forrest Gump: *you never know what you're gonna get.*

— Weet ook dat bieren van spontane gisting of fermentatie met wilde gisten hun evenwichtige, complexe smaak halen uit vatrijping en het blenden van de beste vaten. En dat is natuurlijk een heel ander verhaal. Maar laat dat je vooral niet tegenhouden om met die gevangen wilde gist aan de slag te gaan.

— Voor meer informatie over het vangen en kweken van wilde gist: themadfermentationist.com en/of bootlegbiology.com.

'WE WILLEN EEN PLAATS ZIJN WAAR MENSEN GRAAG BINNEN-SPRINGEN OM TE ZIEN WAT ER ZOAL GEBEURT'

No crying over spilled malt — Hoppig, amber bier en testbrouwsel met overschotten van mout

CABARDOUCHE

'We zijn nu bijna echte brouwers, die kunnen brouwen in hun eigen brouwerij.' Het moet als een eeuwigheid aangevoeld hebben voor het brouwerscollectief van Cabardouche. Ze hadden de deuren van hun nanobrouwerij al willen openen in maart 2019, maar door een ongelukkige samenloop van kleinere en grotere problemen heeft het nog eens vijf maanden geduurd voor er wort en bier door hun brouwsysteem kon vloeien.

Enkele maanden geleden woonde ik in de bijna-brouwerij een aandeelhoudersvergadering bij. Het moest een dag worden om te vieren. Om de aandeelhouders in hun coöperatieve vennootschap — de meeste, zo niet allemaal familie en vrienden van de brouwers — te tonen waar hun geld voor gebruikt werd. Maar de levering van de brouwinstallatie was uitgesteld. Niet voor het eerst. Niet voor het laatst. Maar dat wisten ze toen nog niet.

Wanneer ik vlak voor de vergadering aankom, stelt Elise, met wie ik al gebeld heb, me voor aan de andere brouwers van Cabardouche: Igor, Jens, Stendert en Peter. Ze leidt me ook even rond in de gerenoveerde en ingerichte ruimte in een spoorwegboog die hun brouwerij zal worden, een zogenoemde 'center'. Het is een van de centers langs de spoorweg in Borgerhout die in een eerste fase van een stadsrenovatieproject onder handen genomen werden om er een waaier aan kleine bedrijfjes en winkels in onder te brengen.

Ze hebben van hun center, ondanks het ontbreken van de brouwinstallatie en het *work in progress*, een gezellige ontmoetingsruimte gemaakt, uitnodigend voor voorbijgangers. Met slechts een klein gelijkvloers — vol stoelen die klaarstaan voor 30 van de 67 aandeelhouders, de brouwers inbegrepen — en een brede maar ondiepe mezzanine, is het indrukwekkend hoeveel ruimte er is gecreëerd in een ruimte met weinig... ruimte. Of is het omdat de mezzanine nog leeg is, omdat het materiaal nog ontbreekt waarvoor de plek bedoeld is?

Een van de eerste dingen waar Elise mijn aandacht op vestigt, is een systeem dat even ingenieus is als primitief. Het dient om het lekwater van het spoorwegplatform dat langs de rand van het plafond van de spoorwegboog binnensijpelt, af te leiden naar buiten. Het water loopt langs een gootje naar twee buisjes aan beide kanten van de center, waarlangs het naar buiten loopt om langs de buitenmuren naar beneden te druppelen.

'De projectontwikkelaars hadden er geen rekening mee gehouden dat als het regent, het water ook een weg zoekt van het spoorwegplatform en de sporen naar beneden. Het dringt door verschillende lagen van baksteen en beton, tot het door de plafonds van de bogen druppelt. Ze hebben het probleem proberen op te lossen. Veel elegantere oplossingen bleken niet te werken, maar deze wel. Het onderliggende probleem is niet weg, maar voorlopig volstaat dit. Misschien moeten we de buisjes wel laten uitkomen in zo'n waterspuwer.' Elise bekijkt de problemen die Cabardouche afremmen duidelijk nog van de zonnige kant.

De aandeelhoudersvergadering gaat, zoals dat altijd wel het geval is, gepaard met een aantal formaliteiten. Zo moet elke beslissing goedgekeurd worden door een meerderheid. Ook mijn aanwezigheid, als een buitenstaander, moet voorgelegd worden aan de aandeelhouders. Omdat dit een groep is die de brouwers goed kent, zijn de formaliteiten bij momenten een bron van hilariteit en wordt er wat ironisch mee omgesprongen. Maar een stem is een stem. En ik mag blijven.

INNUENDO

De eerste plannen voor Cabardouche ontstonden in embryonale vorm toen vijf vrienden, die elkaar hadden leren kennen tijdens een bierkennerscursus, thuis samen gingen brouwen. In 2012 begonnen Igor, Jens, Stendert, Peter en Elise te spelen met een starterskit die Peter cadeau had gekregen. Kort daarna al namen ze deel aan de Brouwland Biercompetitie met een van hun eerste brouwsels. 'We hebben niet gewonnen', vertelt Peter. 'Ons bier smaakte naar spaghettisaus. We hadden te veel chilipepers gebruikt.'

Met vijf brouwers kun je het werk al eens verdelen. Terwijl Peter het soortelijk gewicht van het wort meet, halen Elise en Stendert wat administratief werk in. Maar ze vergeten vooral niet om te genieten van een brouwdag.

In 2014 trokken ze met een van hun recepten, een verbeterde, vatgerijpte versie van Rosse Voenk die ze Escort Deluxe doopten, naar brouwerij Pirlot in Zandhoven. Hun eerste bier dat klaar was om bierdrinkers te overtuigen buiten hun kring van vrienden en familie, was geboren. Ze zouden het op beperkte schaal verkopen als een kerst- en nieuwjaarscadeau. Maar om dat te kunnen doen moesten ze een bierfirma worden en beslissen welke bedrijfsstructuur ze zouden hanteren. Omdat winst maken geen doel was en hun band met Borgerhout en het plaatselijke culturele leven belangrijk waren, startte Cabardouche als een vzw.

Blonde Stoot en Stout Mokke volgden snel in het spoor van Escort Deluxe. De eerste werd op korte tijd een succes in Borgerhout. Naast hun eigen bieren ontwikkelden ze ook bier voor plaatselijke initiatieven, zoals Reus voor de Borgerhoutse Reuzenstoet. Omdat de verkoop bleef groeien en de plannen voor een eigen brouwerij concreter werden, richtten ze ook een coöperatieve vennootschap op voor de brouwactiviteiten en de verkoop van het bier. Het liet hun toe om winst te maken, die ze konden herinvesteren. Daarnaast trokken ze bijkomende investeringen aan om een eigen fysieke brouwerij te starten en toch de banden met de lokale gemeenschap te blijven aanhalen.

Maar de goesting om te brouwen nam wel toe. Ze werkten recepten uit en zochten naar een goede naam voor de brouwerij en de toekomstige bieren. 'Geschikte namen vinden was niet makkelijk en achteraf stonden er toch een paar op de shortlist die een beetje onnozel klinken.' Zoals dat bij veel brouwers het geval is, was een woordspeling nooit ver weg. En woordspelingen zijn een delicate vorm van humor. Uiteindelijk kwamen Rosse Voenk en Blonde Stoot voor de eerste bieren en Cabardouche als brouwerijnaam bovenaan de lijst terecht. Later voegden ze daar nog Stout Mokke en Escort Deluxe aan toe, waarmee ze een viertal hadden gecreëerd dat het bordeelinnuendo consequent uitdraagt.

TO CONTRACT OR NOT TO CONTRACT

Omdat de vraag naar bieren van Cabardouche in Borgerhout en Antwerpen blijft toenemen, zijn de brouwers niet van plan om al hun bieren in hun nieuwe brouwerij te produceren, ook niet als ze volledig operationeel is. 'We hebben een installatie gekocht waarmee we batches van 150 liter kunnen brouwen, plus twee tanks van 150 liter en twee van 300 liter. In die van 300 liter kunnen we twee opeenvolgende batches laten vergisten. En ja, ik weet het, dat is nog steeds niet veel', zegt Elise niet zonder een beetje ironie. En ze voegt eraan toe: 'In plaats van onze populairste bieren hier zelf te brouwen, willen we focussen op de ontwikkeling van recepten, nieuwe dingen uitproberen, en brouwen op vraag van lokale organisaties of iedereen die een fijn of zot idee heeft waarmee we ons kunnen identificeren.'

'We willen eigenlijk een beetje zoals de artisanale bakker om de hoek zijn, waar buurtbewoners de geur ruiken van versgebakken brood, kunnen kiezen uit een ruim aanbod aan brood en patisserie, en even blijven hangen voor een babbel. Wij willen een gelijkaardige plek zijn, waar mensen op een ongedwongen manier een nieuw biertje komen proeven zoals ze 's zondags croissants gaan kopen. We zullen geen brouwpub zijn, maar meer een brouwshop of speciale biershop. Al hopen we wel dat als het stadsrenovatieproject verder uitbreidt naar nieuwe centers, we dan meer plaats zullen hebben voor een terras voor de deur.'

'We weten dat het experimenteren met telkens nieuwe bieren en recepten de controleurs van de accijnzen een beetje dol zal doen draaien', vervolgt Elise. 'Het is een vrij nieuw concept. Bij de accijnzen zijn ze gewoon aan brouwerijen die een beperkt aanbod hebben met telkens hetzelfde aantal graden Plato en hetzelfde alcoholpercentage.' Ter verduidelijking: de accijnzen die een brouwerij moet betalen, worden berekend op basis van de dichtheid van het wort, uitgedrukt in graden Plato. 'Maar in onze brouwerij zal dat niet zo eenvoudig zijn.'

Voor Blonde Stoot, Stout Mokke en de Escort Deluxe blijft Cabardouche vasthouden aan contractbrouwen, bij Brouwerij Anders, ook al weten ze dat dit in de craftbierscene nogal controversieel is. 'We weten dat er op contractbrouwen wordt neergekeken. Veel bierfirma's geven inderdaad aan een andere brouwerij de opdracht om hun bieren voor hen te brouwen, en sommige zijn hier niet transparant over. Maar zolang wij hier wel transparant over zijn, zie ik het probleem niet', reageert Elise. 'Onze populairste bieren worden bij Anders gebrouwen. Maar het is wel ons recept en hun kwaliteit is goed. Door voor deze aanpak te kiezen kunnen we de investeringen beperken en ons hoofd en onze handen vrijhouden om te experimenteren en limited editions te brouwen.'

DE WET VAN MURPHY

Twintig dagen na de aandeelhouders-vergadering wordt de brouwinstallatie eindelijk geleverd. Het zal twee dagen duren om ze te monteren. Als Elise me het nieuws brengt is ze opgetogen, opgelucht zelfs. Ze gaan een waterbrouwsel doen, vertelt ze, alvorens ze voor het eerst echt zullen brouwen. Nele en ik willen graag die eerste brouwsessie onder de spoorweg meemaken. Ik ben benieuwd hoe het eraan toe zal gaan met af en toe het gerommel van een rijdende trein boven je hoofd. Ik heb het fenomeen — vooral het lawaai — al meegemaakt tijdens de aandeelhoudersvergadering.

Omdat alle vijf de brouwers nog een andere hoofdjob hebben — ze kunnen nog niet van het brouwen leven — zit er wat tijd tussen de brouwdagen en vinden die ook vaak plaats tijdens weekends en op vakantiedagen. (Als de procedure voor de accijnzen rond is en de nieuwe brouwerij onder het spoor van start kan gaan, zal ze op vrijdag altijd open zijn en wordt dat ook de vaste wekelijkse brouwdag.) Op zondagavond, de dag waarop er met water gebrouwen wordt, stuur ik een sms om te polsen naar hoe het verlopen is. Slecht nieuws. De brouwinstallatie lekt en de volgende brouwsessie is uitgesteld tot nader order.

Dan duurt het een hele tijd voor ik nog eens iets van Cabardouche hoor. En wanneer dat uiteindelijk het geval is... krijg ik opnieuw slecht nieuws. De vloertegels begonnen te barsten door het puntgewicht van de gevulde brouwinstallatie. De mensen van Cabardouche moesten de hele installatie ontmantelen en verplaatsen, de mezzanine opnieuw laten betegelen en de installatie weer naar boven verhuizen. Dit was ten volle de wet van Murphy.

Maar vandaag zal dat veranderen. Vandaag vindt de eerste echte brouwsessie plaats op de brouwinstallatie van Cabardouche. Het is nog altijd een testbrouwsel, met technische begeleiding van Erik, de brouwtechnicus die de installatie weer in elkaar zette. Maar er wordt wel echt bier gebrouwen, een hoppig amber bier met overschotten van mout uit zakken die eerder thuis hadden gediend. Ondanks het feit dat Cabardouche nog steeds geen bier in de nieuwe brouwerij kan verkopen — de ambtenaren van de accijnzen kunnen hun pas een vergunning geven als de installatie is goedgekeurd — geven ze dit bier een echte naam, zij het een tijdelijke en met veel zin voor zelfspot: No crying over spilled malt.

VOORZICHTIGE OPLUCHTING

'Zijn jullie nu opgelucht?' vraag ik aan Elise en Stendert, die wat administratief werk inhalen terwijl Peter en Igor het verloop van de maisch in de gaten houden, samen met Erik. (Jens kwam kort even binnen, maar heeft vandaag zijn handen vol met verniswerk thuis.)

'We zijn blij dat onze eerste brouwsessie bezig is, maar we hoeden er ons voor te opgewonden te reageren. We zullen opgelucht zijn als alles vandaag goed verloopt en als de formaliteiten bij de accijnzen achter de rug zijn', zegt Elise. 'We hebben nog geen belangrijke deadlines gemist, maar er komen er wel twee dichterbij. We willen zeker een nieuw bier voor op Billie's Craft Beer Fest in november, en rond die tijd zouden we ook het bier klaar moeten hebben dat we hebben ontwikkeld voor de vijfde verjaardag van een café in de buurt. Het mag dus wel beginnen opschieten.'

'Peter houdt zich bezig met de formaliteiten voor de accijnzen en ze hebben hem gezegd dat het eigenlijk maar een paar weken zal duren', vult Stendert aan. Aangezien hij de man van de cijfers is bij Cabardouche (de vijf leden brouwen samen, maar hebben de andere verantwoordelijkheden onder elkaar verdeeld), vraag ik hem hoe moeilijk het was om deze periode van onverwachte inactiviteit te overbruggen. Stendert: 'We mogen blij zijn dat onze vaste bieren nog steeds bij Anders gebrouwen worden. Er waren natuurlijk uitgaven, zoals de huur, die niet door inkomsten uit de productie hier gecompenseerd konden worden, maar gelukkig waren we daar niet volledig afhankelijk van.'

Ondanks de pech zitten de brouwers van Cabardouche vol plannen. De ambitie om een stadsbrouwerij te worden zoals in 'de goede oude tijd' is er nog altijd. Ze willen het idee uitwerken om met bierabonnementen te werken. En bovenal willen ze dat de brouwerij een toffe ontmoetingsplaats wordt voor mensen met goede bierideeën die de brouwers tijdens een brouwdag willen vervoegen.

Duurzaamheid staat centraal in hun toekomstplannen. Cabardouche neemt deel aan een project waarin bierkratten ontwikkeld worden die bestaan uit gemalen en geperst plastic afval, en een project dat recycleerbare vaatjes ontwikkelt. Daarnaast zijn er plannen om de draf af te zetten bij een kinderboerderij en bij een paddenstoelenkweker in de buurt. En ze willen in de toekomst ook hun eigen hop telen.

Maar bovenal wil Cabardouche toegankelijke bieren én speciale bieren brouwen voor een redelijke prijs, zodat veel mensen ze kunnen proeven.

WAT VERSTAAN JULLIE ONDER 'CRAFTBIER' EN 'CRAFTBROUWEN'?

Igor: 'We zijn nooit begonnen met brouwen met het plan om craftbrouwers te worden. Ook niet om een grote brouwerij te worden, trouwens. Maar nu onze bieren hier zijn, worden we plots verondersteld om een craftbrouwerij te zijn. Dat is prima, maar het is niet echt belangrijk voor ons. Op bierfestivals noemen bierfanaten onze Blonde Stoot al eens een IPA. Ik denk dat je Blonde Stoot zo zou kunnen noemen, maar voor ons is de stijl niet belangrijk.'

Peter: 'Volgens mij is "Waarom brouwen jullie?" een betere vraag. Wij willen gewoon bieren brouwen die we zelf graag drinken. We hoeven niet per se "craft" te zijn.'

Elise: 'Misschien, als er iets is dat ons een craftbrouwerij maakt, dan is het dat we alleen bieren brouwen waar we honderd procent achter staan, en waarbij we voluit gaan voor de ingrediënten die we willen gebruiken, zonder eerst te plannen hoe we dat bier zullen verkopen. Voor sommige van onze bieren, zeker Escort Deluxe, waren we daarom maar juist break-even. We kochten toen vaten om het bier in te laten rijpen.'

CABARDOUCHE

CABARDOUCHE.BE
ENGELSELEI 255,
2140 ANTWERPEN
(BORGERHOUT)

DE SIGNATUURBIEREN VAN CABARDOUCHE

BLONDE STOOT
(5% ABV)

Een dorstlessende blonde die wat kenmerken deelt met saisons en pale ales. Blonde Stoot bevat (relatief) weinig alcohol en is nu al een lokale publiekslieveling, maar heeft wel ook een duidelijk, eigen karakter. Ze is hoppig en fruitig met een subtiel citrusaroma en esters in de neus, en laat een sprankelende indruk achter op de tong, met ook wat mout en een zachte, bittere afdronk.

STOUT MOKKE
(9% ABV)

De brouwers noemen haar een Belgische stout, maar noem haar gerust een imperial stout, even imperiaal als royaal qua aroma en smaak. Ze begint nochtans verdacht zoet en solliciteert als begeleider van een gevarieerd dessertbord, met een uitgesproken aroma van koffie en karamel. Dezelfde toetsen komen ook terug in de mond, aangevuld met drop en zwarte chocolade, en in evenwicht gebracht door langzaam opkomende bittere smaken van de gebrande mout en de bitterhop.

ESCORT DELUXE

De Escort Deluxe van Cabardouche komt één keer per jaar uit en is elke keer een ander bier, een niet-courante stijl of gemaakt met verrassende ingrediënten. De laatste twee edities van Escort Deluxe bevatten ook een 'luxueuze' hoeveelheid alcohol. In 2016 was Escort Deluxe een zoute gose met duindoorn van 8% ABV. 2017 kreeg twee edities van een barley wine met peer van 13% ABV, waarvan er een gerijpt werd in eiken vaten van Belgian Owl-whisky. En in 2018 was de Escort Deluxe een karamelstout, ook van 13% ABV. Te veel van deze sterke escortes en je machinerie zou weleens kunnen gaan sputteren.

Een boerderij in het diepst van je gedachten

SAISON

Saisons — in de Angelsaksische wereld ook wel farmhouse ales genoemd — zijn Belgische traditiebieren. Daarom was ik verbaasd dat bij vier van de acht craftbrouwers die ik volgde een saison op het programma stond tijdens de brouwdag. Een van de redenen waarom saisons ook bij een nieuwe generatie brouwers populair zijn, is dat het doordrinkbare bieren zijn, vrij bitter en knapperig, hoppig en soms fruitig, maar bovenal dorstlessers met een tegendraads kantje.

Saisons worden meestal omschreven als bieren uit de Belgische provincie Henegouwen en Noord-Frankrijk die gebrouwen werden op de boerderij, met de granen die voorradig waren. Maar die historische achtergrond wordt niet unaniem erkend. In de 19e eeuw brouwden de landbouwers uit Henegouwen ongetwijfeld hun eigen bieren, farmhouse ales of boerderijbieren zo je wilt, en wellicht schonken ze die als dorstlesser aan hun seizoensarbeiders. Maar dat gebeurde ook in andere landbouwstreken in andere Europese landen, en uit geen enkele bron blijkt dat die bieren toen al saisons werden genoemd.

Saisons bestonden wel, maar de term sloeg aanvankelijk op bruine bieren van professionele brouwerijen in het industriegebied rond Charleroi en Luik. Pas in het begin van de 20e eeuw werd de term 'saison' ook voor de Henegouwse en Noord-Franse boerderijbieren gebruikt, onder andere door de boerderijbrouwerijen die de bieren produceerden, zoals Brasserie Dupont.

Vandaag is het een bier waarvan de smaak sterk door de typische gist wordt bepaald. Een giststam met een grote appetijt, gulzig naar vergistbare suikers, maar die zijn tijd neemt om zich aan die suikers tegoed te doen. Daarom zijn de meeste saisons droog, maar hebben ze wat tijd nodig om op smaak te komen. Een andere eigenschap van die gist is het peperige aroma dat hij produceert. In combinatie met kruidige hopvariëteiten levert dat de blauwdruk voor de hedendaagse saisons. Historisch leken die boerderijbieren trouwens veel meer op lambieken, maar bij mijn weten kunnen we dat niet toetsen aan de inhoud van een oude fles.

Wat de oorsprong van die bierstijl ook mag zijn, ik houd wel van het idee om bier te maken met onverkochte granen en wilde dan wel een zelfgekweekte gist. Maar ik ben geen landbouwer en het kweken van gist is bij mij de experimentele fase nog niet ontgroeid (zie brouwpagina's 43-44), maar een bier brouwen met wat voorhanden is moet wel lukken. Oud brood bijvoorbeeld, en mout die ik altijd op het schap heb staan, zoals pilsmout en tarwemout. En niet te vergeten, wat hopoverschotten van een vorig brouwsel, die ik in de diepvries bewaar.

Verlorenbroodbier

Bier gemaakt met oud of verloren brood is populair aan het worden. Het is een van de mogelijkheden van een brouwer om duurzamer te werk te gaan. Brouwers kunnen uiteraard het best eerst de gebruikte hoeveelheid energie of water terugdringen, of voor hun ingrediënten inzetten op een zo kort mogelijke keten, te beginnen met hop, mout en graan. Oud brood in bier is tot nader order niet veel meer dan een symbolisch gebaar, maar als je in rekening neemt hoeveel brood er dagelijks wordt weggegooid, vooral in grote steden, dan heeft bier met verloren brood wel een toekomst.

Het is geen toeval dat de brouwers of organisaties die al een verlorenbroodbier hebben gemaakt uit hoofdsteden als Brussel en Londen komen. Brussels Beer Project bracht in 2015 Babylone uit, een zogenoemde bread bitter, waarvan de brouwers claimden dat dit het eerste bier was met verloren brood en daarmee terugging naar de Babylonische oorsprong van bier. Zij inspireerden en adviseerden de non-profitorganisatie Toast Ale uit Londen bij het maken van de gelijknamige Toast Ale. De organisatie slaat sindsdien haar vleugels uit over het hele Verenigd Koninkrijk en *beyond*, en gebruikte volgens haar website tot nog toe één miljoen sneetjes brood om bier te maken.

Zowel Babylone als Toast Ale heeft het aroma en smaakprofiel van een pale ale, maar je zou kunnen stellen dat ze diep vanbinnen saisons zijn. Het is zoals de Amerikaanse bierauteur William Bostwick schrijft in zijn boek *The Brewer's Tale. A History of the World According to Beer*: 'Om authentieke farmhouse ales te maken heb je geen boerderij nodig. Je hebt zelfs geen speciaal recept nodig of je moet niet afstammen van boeren-brouwers. Het enige wat je nodig hebt is de juiste mentaliteit — een boerderij in het diepst van je gedachten.'

Saison pain perdu

In dit recept is het brood de onvoorspelbare variabele. Zijn bijdrage tot het soortelijk gewicht, de kleur en de smaak is moeilijk in te schatten. Het zal ervan afhangen welk soort brood je gebruikt (wit, bruin, volkoren...) en hoe (vers, gedroogd, geroosterd...). Maar dat is nu net zo leuk aan hobbybrouwen: niemand maalt erom of dit brouwsel nu min of meer hetzelfde smaakt als het vorige. En verrassingen zorgen vaak voor interessante bieren die je nog niet eerder hebt gedronken.

Voor een verlorenbroodbier mag je tot een derde van het mout vervangen door brood. Toegegeven, met dit recept voor 11 liter bier (met slechts 15% van de mout die vervangen werd door brood) ga je de wereld niet redden.

VOOR
11 LITER

MOUT: *2,1 kg pilsmout, 300 g oud brood en 300 g tarwemout*
GIST: *Belle Saison of French Saison*
HOP: *17 g Brewer's Gold, 30 g Hallertau Tradition, 45 g Hallertau Blanc en 45 g Mandarina Bavaria*
EXTRA: *Iers mos*

MAISCHEN

— Doe 16 liter water in een ketel en maak de brewbag vast aan de handvatten van de ketel. Verwarm het water tot 68 °C.

60' —— Doe de geschrote mout in het water. De temperatuur zal zakken naar ongeveer 67 °C. Doorroer het beslag om klonters te vermijden. Houd 67 °C aan gedurende 60 minuten.

55' —— Pas de pH aan naar 5,4.

— Haal de brewbag uit de ketel en laat hem uitlekken. Je zou met 15 liter wort met een SG van 1042 moeten kunnen beginnen aan het koken.

KOKEN

70' —— Start het koken van het wort. Pas de pH aan naar 5,2 vlak voor het wort begint te koken.

60' —— Kook gedurende 60 minuten. Voeg Brewer's Gold toe (15 gram).

50' —— Voeg Hallertau Tradition toe (5 gram)

40' —— Voeg Hallertau Tradition toe (5 gram)

30' —— Voeg Hallertau Tradition toe (5 gram)

20' —— Voeg Hallertau Tradition toe (5 gram)

10' —— Voeg Iers mos en Hallertau Tradition toe (10 gram)

00' —— Voeg Hallertau Blanc (20 gram) en Mandarina Bavaria (20 gram) toe en beëindig het koken.

GISTING

- Koel het wort af tot 25 °C.
- Meet het begin-SG van het wort. Je zou op 1057 moeten uitkomen.
- Hevel over naar de gistingsemmer.
- Strooi de droge gist over het wort.
- Laat een week gisten bij 20–22 °C.
- Je eind-SG zou nu 1008 moeten zijn, ongeveer 6,4% ABV.

LAGEREN EN DRYHOPPEN

- Hevel het bier over naar de lageringsemmer.
- Laat het een week lageren op een koelere plek. Dryhop het dan met Hallertau Blanc (25 gram) en Mandarina Bavaria (25 gram) en laat het nog een week lageren.

BOTTELEN EN RIJPING OP FLES

- Kook 70 gram suiker (7 gram per liter) in een klein beetje water. Laat het afkoelen tot 25 °C.
- Verwijder de hop.
- Voeg de suiker toe en doorroer het bier voorzichtig met een ontsmette lepel.
- Maak het deksel dicht. Je kunt nu bottelen.
- Zet de flessen gedurende (minstens) een week in een donkere, warme plaats voor de hergisting in de fles. Laat ze daarna nog één tot vier weken rusten in een frissere ruimte, een kelder of een koelkast.

BROUWNOTITIE

- De meeste klassieke saisons worden niet gedryhopt, maar hebben wel een duidelijk hopprofiel. In deze versie heb ik twee populaire brouwtechnieken gebruikt om het hopkarakter te versterken: continual hopping (kleinere doses hop toevoegen gedurende de hele kooktijd) en dryhopping (omdat ik het niet kon laten) met Europese aromahoppen die ik nog in de diepvriezer had zitten: Hallertau Blanc en Mandarina Bavaria. Hoe hoppig je die saison wilt, is natuurlijk een kwestie van smaak. Voor een ander soort aroma- en vooral smaakpalet kun je in plaats van te dryhoppen een bescheiden 15 gram Hallertau Blanc en/of Mandarina Bavaria toevoegen tijdens de laatste minuten van het koken.

33 + 33

te ontdekken craftbrouwerijen

Het toenemende aantal Belgische craftbrouwerijen maakt deel uit van een breder, internationaal verhaal. Belgische bieren worden overal ter wereld gesmaakt en gewaardeerd, maar de craftbierrevolutie, die begon in de Verenigde Staten, voltrekt zich wereldwijd, en dus ook in België.

Op deze en volgende pagina's vind je twee lijsten met te ontdekken craftbrouwerijen, 33 Belgische (bovenop de acht die ik van nabij volgde) en 33 internationale. Voor de Belgische bierliefhebber zullen sommige namen uit de eerste lijst niet helemaal onbekend klinken, Nederlandse bierliefhebbers zullen dan weer enkele Nederlandse brouwerijen in de tweede lijst herkennen, enzovoort... Het is vooral de bedoeling om voor een breed publiek enkele minder bekende, (relatief) jonge brouwerijen naar voren te schuiven.

Om de willekeurigheid te beperken — onvermijdelijk als je een rist te ontdekken brouwerijen van over de hele wereld in korte lijsten wilt gieten — heb ik dezelfde criteria gehanteerd als die waarmee ik de brouwers selecteerde met wie ik meebrouwde: een transparante manier van brouwen, productgericht, authentiek, eigenzinnig, met een open geest en met zin voor vernieuwing en samenwerking. En vooral: alle hier opgenomen brouwerijen zijn ook op de een of andere manier met elkaar in verband te brengen en vormen zo een informeel, organisch en divers netwerk. Omdat ze samen een collab deden, naast elkaar stonden op een bierfestival, elkaar ontdekten tijdens een bierodyssee, of omdat ze elkaars werk volgen en ik getipt werd door een collega-brouwer.

Wie op basis van deze namen verder zoekt, krijgt een goed beeld van wat er beweegt in de craftbierwereld, maar de lijsten zijn uiteraard slechts een staalkaart en onvolledig. Vanuit het oogpunt van dit boek heb ik me beperkt tot behapbare lijstjes, zeg maar het volume van een doordrinkbare 33'er. Suggesties voor brouwerijen die ik zou moeten ontdekken — en ik weet dat dit er heel wat zijn — kun je doen op www.beerodysseyinrubberboots.com.

33X BELGIË

1. **ALVINNE**
   MOEN
   WWW.ALVINNE.COM

2. **BASTARD BREWERS**
   BERGEN
   BASTARDBREWERS.BEER

3. **BOKKE**
   HASSELT
   WWW.BOKKE.BE

4. **BRASSERIE À VAPEUR**
   PIPAIX
   WWW.VAPEUR.COM

5. **BRASSERIE DE LA SAMBRE**
   SPY
   BRASSERIEDELASAMBRE.COM

6. **BRASSERIE DE LA SENNE**
   SINT-JANS-MOLENBEEK
   WWW.BRASSERIEDELASENNE.BE

7. **BRASSERIE DU BRABANT**
   BAISY-THY

33X
INTERNATIONAAL

Brazilië

Canada

China

Denemarken

Duitsland

Estland

Frankrijk

8. **SINGE SAVANT**
RIJSEL
SINGE-SAVANT.COM

Groot-Brittannië

9. **40FT**
LONDEN
WWW.40FTBREWERY.COM

10. **NORTHERN MONK**
LEEDS
NORTHERNMONK.COM

11. **YONDER**
BINEGAR
WWW.BREWYONDER.CO.UK

Hongarije

12. **MONYO BREWING CO.**
BOEDAPEST
MONYOBREWING.COM

Ierland

13. **GALWAY BAY BREWERY**
GALWAY
GALWAYBAYBREWERY.COM

Israel

14. **DANCING CAMEL BREWERY**
TEL AVIV
DANCINGCAMEL.COM

Italië

15. **MAESTRI DEL SANNIO**
CERRETO SANNITA
WWW.MAESTRIDELSANNIO.IT

16. MUKKELER
PORTO SANT'ELPIDIO
MUKKELLER.IT

17. STRADAREGINA
VIGEVANO
BIRRIFICIOSTRADAREGINA.WEEBLY.COM

Luxemburg

18. TOTENHOPFEN BRAUHAUS
LUXEMBURG
WWW.TOTENHOPFEN-BRAUHAUS.COM

Nederland

19. DE MOERSLEUTEL
ALKMAAR
BROUWERIJDEMOERSLEUTEL.NL

20. NEVEL
NIJMEGEN
NEVEL.ORG

21. VAN MOLL
EINDHOVEN
VANMOLLCRAFTBEER.COM

Noorwegen

22. LERVIG AKTIEBRYGGERI
STAVANGER
WWW.LERVIG.NO

Oekraïne

23. VARVAR BREW
KIEV
VARVARBREW.COM

Portugal

24. 8A COLINA
LISSABON
WWW.OITAVACOLINA.PT

Slovenië

25. RESERVOIR DOGS
NOVA GORICA
RESERVOIR-DOGS.BEER

Spanje

26. BIDASSOA BASQUE BREWERY
IRUN
WWW.BIDASSOA.ES

27. LA CALAVERA
GIRONA
WWW.LACALAVERA.CAT

28. LA QUINCE
MADRID
LAQUINCEBREWERY.COM

Verenigde Staten

29. PEN DRUID BREWING
SPARRYVILLE, VIRGINIA
PENDRUID.COM

30. WICKED WEED BREWING
ASHEVILLE, NOORD-CAROLINA
WWW.WICKEDWEEDBREWING.COM

31. HALFWAY CROOKS BREWING AND BLENDING
ATLANTA

Zweden

32. TEMPEL BRYGGHUS
UPPSALA
TEMPELBRYGGHUS.SE

Zwitserland

33. À TUE-TÊTE
AIGLE

MEER LEZEN

BAETSLÉ, GILBERT
—*De praktijkbrouwer* —
ACADEMIA PRESS, 2015

BOSTWICK, WILLIAM
—*The Brewer's Tale. A History of the World According to Beer* —
W. W. NORTON & COMPANY, 2014

HEALY, JULIAN
—*The Hops List. 265 Beer Hop Varieties
From Around the World* —
BLURB, 2018

HINDY, STEVE
—*The Craft Beer Revolution. How a Band of Microbrewers
Is Transforming the World's Favorite Drink* —
PALGRAVE MACMILLAN LTD, 2015

PAUWELS, LUC
—*Bier brouwen voor starters* —
STANDAARD UITGEVERIJ, 2012

ROBERTS, DINAH
—*The Lazy All-Grain Brewster: Keeping It Simple* —
EIGEN BEHEER, 2018

ROGERS, CHRISTOPHER
—*Brew In a Bag: Brew fantastic craft beers
at home using the All Grain brew in a bag method* —
BREWINABAG UK, 2016

TIERNEY-JONES, ADRIAN
—*1001 Beers You Must Try before You Die* —
CASSELL ILLUSTRATED, 2011

TONSMEIRE, MICHAEL
—*American Sour Beers. Innovative Techniques
for Mixed Fermentations* —
BREWERS PUBLICATIONS, 2014

WEBSITES

beerandbrewing.com

byo.com

homebrewersassociation.org

www.brewcabin.com

www.brewersfriend.com

www.themadfermentationist.com

DANKWOORD

Een boek maken is een intensieve onderneming die in vele, weinig rechtlijnige fases verloopt. Ideeën komen en gaan. En ze komen uit alle richtingen, niet alleen uit de koker van de auteur. Die mag dan wel met het applaus gaan lopen — hopelijk is er applaus — maar de noeste arbeid die dit boek mogelijk maakte, werd verricht door vele handen en hoofden.

Nele Pierlet wil ik bedanken voor de mooie foto's en het gezelschap tijdens deze bierodyssee, uitgever-directeur Johan Ghysels voor zijn geloof in dit project, en fondsredacteur Thomas Van der Goten voor de coördinatie, de broodnodige feedback en de boeiende gesprekken die dit boek mee hielpen uitgroeien van een vaag idee tot een afgewerkt product. Daarnaast wil ik ook graag vormgever Tom Suykens en de redacteurs Tamsin Shelton en Jan Vangansbeke bedanken voor hun bijdrage aan beeld en woord, en brouwer Janos De Baets en zytholoog Daniella Provost omdat zij de feiten, cijfers, achtergrond en receptuur tegen het licht hielden.

Het schrijven van een boek gaat ook gepaard met heel wat keuzes en offers, met afwisselende momenten van enthousiasme, ontreddering, opluchting, gezucht en gevloek, hyperactiviteit, decompressie en uiteraard ook heel wat joligheid. En dat is in de eerste plaats nogal intens voor wie op de eerste rij zit. Daarom wil ik bovenal mijn twee zonen Korneel en Pepijn en mijn echtgenote Carmen Vandeputte bedanken voor de steun, het geduld, de frisse, onbevooroordeelde ideeën die een vader en man nodig heeft wanneer hij met zijn gedachten elders is, tussen tekst, brouwketels en bier, al dan niet met zijn rubberen laarzen nog aan. Zij hielpen me te focussen op wat echt belangrijk is.

COLOFON

WWW.LANNOO.COM
Registreer u op onze website en we sturen u
regelmatig een nieuwsbrief met informatie over
nieuwe boeken en met interessante, exclusieve
aanbiedingen.

TEKST
Jeroen Bert
FOTOGRAFIE
Nele Pierlet
GRAFISCH ONTWERP
Tom Suykens

*Als u opmerkingen of vragen heeft, dan
kunt u contact nemen met onze redactie:
redactielifestyle@lannoo.com*

© Uitgeverij Lannoo nv, Tielt, 2019
D/2019/45/553 – NUR 448
ISBN: 978 94 014 6251 8